博物馆里的中国

揭秘消逝的文明

宋新潮 潘守永/主编
赵燕姣 陆青松/编著

天津出版传媒集团

新蕾出版社

图书在版编目（CIP）数据

揭秘消逝的文明 / 赵燕姣，陆青松编著. -- 天津：新蕾出版社，2015.9（2022.11重印）
（博物馆里的中国 / 宋新潮，潘守永主编）
ISBN 978-7-5307-6262-2

Ⅰ.①揭⋯ Ⅱ.①赵⋯ ②陆⋯ Ⅲ.①文化史-中国-青少年读物 Ⅳ.①K203-49

中国版本图书馆 CIP 数据核字(2015)第 208713 号

书　　名	揭秘消逝的文明　JIEMI XIAOSHI DE WENMING
出版发行	天津出版传媒集团 新蕾出版社
	http://www.newbuds.com.cn
地　　址	天津市和平区西康路 35 号(300051)
出 版 人	马玉秀
电　　话	总编办(022)23332422 发行部(022)23332351　23332679
传　　真	(022)23332422
经　　销	全国新华书店
印　　刷	天津新华印务有限公司
开　　本	787mm×1092mm　1/16
字　　数	124 千字
印　　张	12.5
版　　次	2015 年 9 月第 1 版　2022 年 11 月第 14 次印刷
定　　价	36.00 元

著作权所有，请勿擅用本书制作各类出版物，违者必究。
如发现印、装质量问题，影响阅读，请与本社发行部联系调换。
地址：天津市和平区西康路 35 号
电话：(022)23332677　邮编：300051

◆ 主编

宋新潮
国家文物局副局长
国际博物馆协会亚太地区联盟主席
中国博物馆协会理事长

潘守永
上海大学教授、博士生导师,博物馆学家

◆ 编委会

庄孔韶
中国人民大学、浙江大学教授,国际知名人类学家

安来顺
北京鲁迅博物馆副馆长
国际博物馆协会执行委员会委员
中国博物馆协会副理事长兼秘书长

宋向光
北京大学教授
北京大学赛克勒考古与艺术博物馆副馆长

成建正
陕西历史博物馆馆长

陈建明
湖南省博物馆馆长
中国博物馆协会副理事长

曹兵武
中国文物报社总编辑,古地质学家,考古学家

Sharon Macdonald(麦夏兰)
英国约克大学文化遗产和博物馆方向资深教授

王 素
中国教育科学研究院国际比较教育研究中心主任
著名儿童教育专家

◆ 审读委员会

云希正
全国文物鉴定委员会委员
天津博物馆研究馆员

白云翔
中国社会科学院考古研究所副所长

刘　燕
周恩来邓颖超纪念馆文博馆员

刘世风
中国地质博物馆副研究馆员

孙　革
沈阳师范大学古生物学院院长
辽宁古生物博物馆馆长

杜晓帆
联合国教科文组织北京代表处文化遗产保护专员

李　凯
天津文博院院长，天津博物馆副馆长

吴梦麟
北京市文物局专家组成员
北京石刻艺术博物馆研究馆员

张玉光
北京自然博物馆研究馆员

张亚钧
中国地质博物馆副馆长

陈　凌
上海博物馆出版摄影部主任

赵　娜
天津古籍出版社编辑室主任、副编审

徐汝聪
《上海文博论丛》编辑部主任

舒德干
西北大学早期生命研究所所长，中国科学院院士

路国权
山东大学东方考古研究中心教师，博士

（审读委员会按姓氏笔画排序）

序

在这里，读懂中国

博物馆是人类知识的殿堂，它珍藏着人类的珍贵记忆。它不以营利为目的，面向大众，为传播科学、艺术、历史文化服务，是现代社会的终身教育机构。

中国博物馆事业虽然起步较晚，但发展百年有余，博物馆不论是从数量上还是类别上，都有了非常大的变化。截至目前，全国已经有超过4000家各类博物馆。一个丰富的社会教育资源出现在家长和孩子们的生活里，也有越来越多的人愿意到博物馆游览、参观、学习。

"博物馆里的中国"是由博物馆的专业人员写给小朋友们的一套书，它立足科学性、知识性，介绍了博物馆的丰富藏品，同时注重语言文字的有趣与生动，文图兼美，呈现出一个多样而又立体化的"中国"。

这套书的宗旨就是记忆、传承、激发与创新，让家长和孩子通过阅读，爱上博物馆，走进博物馆。

记忆和传承

博物馆珍藏着人类的珍贵记忆。人类的文明在这里保存，人类的文化从这里发扬。一个国家的博物馆，是整个国家的财富。目前我国的博物馆包括历史博物馆、艺术博物馆、科技博物馆、自然博物馆、名人故居博物馆、历史纪念馆、考古遗址博物馆以及工业博物馆等等，种类繁多；数以亿计的藏品囊括了历史文物、民俗器物、艺术创作、化石、动植物标本以及科学技术发展成果等诸多方面的代表性实物，几乎涉及所有的学科。

如果能让孩子们从小在这样的宝库中徜徉,年复一年,耳濡目染,吸收宝贵的精神养分成长,自然有一天,他们不但会去珍视、爱护、传承、捍卫这些宝藏,而且还会创造出更多的宝藏来。

激发和创新

博物馆是激发孩子好奇心的地方。在欧美发达国家,父母在周末带孩子参观博物馆已成为一种习惯。在博物馆,孩子们既能学知识,又能和父母进行难得的交流。有研究表明,12岁之前经常接触博物馆的孩子,他的一生都将在博物馆这个巨大的文化宝库中汲取知识。

青少年正处在世界观、人生观和价值观的形成时期,他们拥有最强烈的好奇心和最天马行空的想象力。现代博物馆,既拥有千万年文化传承的珍宝,又充分利用声光电等高科技设备,让孩子们通过参观游览,在潜移默化中学习、了解中国五千年文化,这对完善其人格、丰厚其文化底蕴、提高其文化素养、培养其人文精神有着重要而深远的意义。

让孩子从小爱上博物馆,既是家长、老师们的心愿,也是整个社会特别是博物馆人的责任。

基于此,我们在众多专家、学者的支持和帮助下,组织全国的博物馆专家编写了"博物馆里的中国"丛书。丛书打破了传统以馆分类的模式,按照主题分类,将藏品的特点、文化价值以生动的故事讲述出来,让孩子们认识到,原来博物馆里珍藏的是历史文化,是科学知识,更是人类社会发展的轨迹,从而吸引更多的孩子亲近博物馆,进而了解中国。

让我们穿越时空,去探索博物馆的秘密吧!

潘守永

2014年2月于美国弗吉尼亚州福尔斯彻奇市

导言

揭开遗址的密码

除了陈列于博物馆橱窗或储存于地下室里的文物之外,遗址和遗迹同样是悠久历史和文明的见证。而且遗址所揭示出来的信息,远远超出单件文物的价值。为了保护遗址,展示遗址的文化内涵,各国建立了众多遗址博物馆,使其成为博物馆这个大家庭中的重要成员。

中国的遗址博物馆虽然起步很晚,但是发展很快。1958年,中国第一座新石器时代遗址博物馆——西安半坡博物馆建成并对外开放。随后,中国的遗址博物馆如雨后春笋般纷纷建立起来,展示的内容也越来越丰富。十几年来,中国各级政府在整合遗迹和遗址博物馆的基础上,建立了许多考古遗址公园。在保护遗址的同时,考古遗址公园还是宣扬爱国主义、传播传统文化的基地,也是人民群众休闲游玩的文化场所。

遗址博物馆和考古遗址公园具有小而精、专题化的特点，能够反映一个特定的历史时期或一个地方的文化信息。如周口店北京人遗址博物馆反映了距今约70万年至23万年以前，生活在中国华北地区的古人类——北京猿人的生产生活；唐城遗址博物馆反映的是唐代扬州城的繁华景象；鸿山遗址博物馆反映的是先秦时期江浙地区贵族的丧葬习俗；永顺老司城遗址则反映了宋元明清时期，华中地区土家族的历史变迁……而这一切的一切，都要归功于中国蓬勃发展的考古事业。同时，申报世界文化遗产也加快了遗址博物馆事业的发展。

为了更好地宣传遗址的文化价值，我们使用的先进展示手法越来越多。尤其是3D技术的运用，增强了文物和遗址的动画效果，给参观的群众留下了深刻的印象。

根据报道，我国已在近几年建成多处考古遗址公园和遗址博物馆。相信在我们的共同努力下，昔日"蓬头垢面"的遗址，将会以崭新的面貌，成为城市中最美丽的地方，"莫问遗产兴废事，请君只看大遗址"。同时，它们也会成为传播知识的地方。同学们会惊喜地发现，这里有书本上还没来得及记录的历史！

百闻不如一见，现在就让我们一起去遗址博物馆和考古遗址公园开开眼界吧！

目录

第一章　上古时期的远古人类 …………………1

国宝传奇 ……………………………………………2

繁华遗迹 ……………………………………………6

　　火种起源的地方——北京周口店远古人类遗址 ………6

　　农耕生活的雏形——西安半坡遗址 …………………11

　　鱼米之乡的文化之源——浙江余杭良渚遗址 …………15

　　供养女神的梁上原始人——辽宁牛河梁遗址 …………19

穿越时空 ……………………………………………23

国宝档案 ……………………………………………27

第二章　再现千年前的繁华盛世⋯⋯⋯⋯⋯⋯⋯⋯41

国宝传奇⋯⋯⋯⋯⋯⋯⋯⋯⋯⋯⋯⋯⋯⋯⋯⋯42

繁华遗迹⋯⋯⋯⋯⋯⋯⋯⋯⋯⋯⋯⋯⋯⋯⋯⋯46

 请君只看洛阳城——隋唐洛阳城遗址⋯⋯⋯46

 风雨尘烟大明宫——大明宫考古遗址公园⋯⋯50

 对外交往的窗口——扬州唐城遗址⋯⋯⋯⋯55

 梦回繁华地——大唐西市遗址⋯⋯⋯⋯⋯⋯60

穿越时空⋯⋯⋯⋯⋯⋯⋯⋯⋯⋯⋯⋯⋯⋯⋯⋯64

国宝档案⋯⋯⋯⋯⋯⋯⋯⋯⋯⋯⋯⋯⋯⋯⋯⋯67

第三章　探寻千年陵墓的秘密⋯⋯⋯⋯⋯⋯⋯⋯81

国宝传奇⋯⋯⋯⋯⋯⋯⋯⋯⋯⋯⋯⋯⋯⋯⋯⋯82

繁华遗迹⋯⋯⋯⋯⋯⋯⋯⋯⋯⋯⋯⋯⋯⋯⋯⋯86

 王朝的霸气——殷墟王陵遗址⋯⋯⋯⋯⋯⋯86

 浩大的地下王国——秦始皇帝陵博物院⋯⋯⋯90

 大唐盛世的见证——昭陵博物馆⋯⋯⋯⋯⋯95

 看尽世事浮沉——北京定陵博物馆⋯⋯⋯⋯101

穿越时空⋯⋯⋯⋯⋯⋯⋯⋯⋯⋯⋯⋯⋯⋯⋯⋯106

国宝档案⋯⋯⋯⋯⋯⋯⋯⋯⋯⋯⋯⋯⋯⋯⋯⋯110

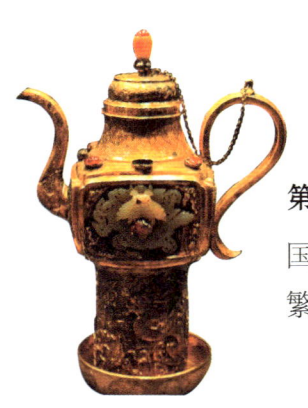

第四章　古族的神秘传说 ………… 121

国宝传奇 ………… 122

繁华遗迹 ………… 127

　　神秘的古族文明——三星堆古蜀遗址 ………… 127

　　金戈铁马的印记——集安高句丽遗址 ………… 131

　　土家族的百年印记——永顺老司城遗址 ………… 135

　　一抔黄土掩风流——西夏博物馆 ………… 139

穿越时空 ………… 144

国宝档案 ………… 147

博物馆参观礼仪小贴士 ………… 162

博乐乐带你游博物馆 ………… 164

难忘的旅程 ………… 184

第一章
上古时期的远古人类

长期的野外生活，练就了山顶洞人的奔跑速度。所以遇到行动缓慢的野兽时，山顶洞人能够很快追上并围住它，把它打死或打晕。

国宝传奇

距今大约 70 万年至 23 万年前,北京西南的周口店地区居住着一群远古人类。经过数十万年沧海桑田的地质变迁,他们在这里留下了自己的遗骨和遗物。这件"北京人"头盖骨就是其中之一(图 1.1.1)。这件头盖骨是一个未成年的男孩的,他八九岁左右。洞穴坍塌之时,他正在做什么,我们无从得知,只知道,他的生命在孩童之时就戛然而止。

图 1.1.1 修复后的第一颗北京人头盖骨
（左为正面，右为反面）

在发现"北京人"头盖骨之前，周口店只不过是北京西南一个普通的小山村，那里的村民世世代代以采石烧灰为生，偶尔有人采集到"龙骨"，就卖到中药铺去或留作药用。

1918年，瑞典地质学家安特生（图1.1.2）带着助手斯丹斯基兴致勃勃地来到周口店的龙骨山，揭开了周口店遗址发掘的序幕。1929年，年仅25岁的裴文中（图1.1.3）开始负责周口店的发掘工作。当年11月，在发掘工作即将结束的时候，他在猿人洞内的一个化石非常丰富的小洞中，

图 1.1.2 安特生（1874—1960）

图 1.1.3 裴文中（1904—1982）

找到了埋藏在地层中几十万年的头盖骨。随后几天,又有两颗头盖骨相继重见天日。

这些头盖骨化石和后来发现的其他人类化石(图1.1.4),为我们揭示了"直立人"(俗称"猿人")阶段人类的基本特征。那么,距今几十万年前的"北京人"是什么样的呢?他们身材粗短,男性高约156厘米,女性高约144厘米,比现代人矮得多。不仅如此,他们的前额低平,眉骨粗大而且突起,颧骨高,鼻子宽扁,嘴巴突出,头部微微前倾,

图1.1.4 北京人牙齿化石模型

脑容量平均只有1000多毫升。虽然不及现代人高大,但他们肩膀宽阔,肌肉发达,腿比较短,双臂相对较长,双臂下垂时指尖几乎快要接近膝盖,立正时也不像现代人那样笔直挺拔。这些就是化石为我们带来的旧石器时期古人类的讯息。

这些在周口店被发掘出来的头盖骨化石,是人类演化过程的重要见证物,是宝贵的人类遗产。然而在1941年,这些珍贵的化石却全部失踪了,只留下了照片资料。

1941年,太平洋战争爆发前,日美两国关系日趋紧张。当时的北京协和医学院存放着"北京人"头盖骨和大批珍贵的化石标本,由于害怕落入日本人的手中,医学院经过反复协商、权衡利弊,最后经国民政府行政院院长翁文灏批准,准备将文物运往美国暂避战火。

但是谁也没有想到,当美国人将"北京人"头盖骨运往秦皇岛的时候,日本人偷袭了珍珠港,太平洋战争突然爆发,来接运化石标本的美国轮船无法驶达秦皇岛,"北京人"头盖骨从此神秘失踪。半个多世纪过去了,经过全世界范围的多方查找,"北京人"头盖骨至今依然杳无音信,成为世界悬案(图1.1.5)!

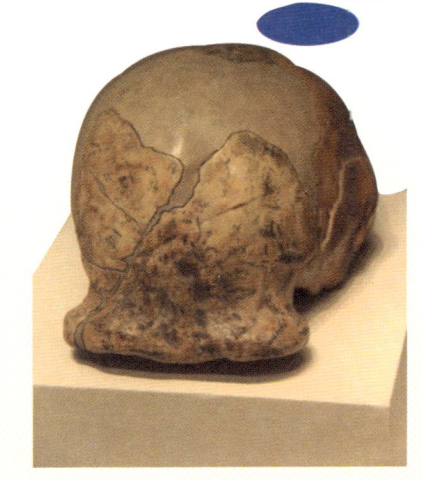

我是复制品,正品至今杳无音信。

图1.1.5 北京人头盖骨(复制品)
中国国家博物馆馆藏

在中国这个古老的国度内，有很多像北京猿人这样的远古人类。他们披荆斩棘，一次又一次地创造着奇迹，把人类文明的历史推向了新的阶段。现在，我们一起去寻访这些远古人类的遗迹，去探究他们是如何生产生活的。

繁华遗迹

火种起源的地方——北京周口店远古人类遗址

他们在这里生活

大约在 70 万年以前，北京西南郊——周口店龙骨山，生活着一群能够直立行走的猿人。那时的周口店地区树木繁茂，气候非常温暖，他们看到了一个可以遮风避雨的巨大洞穴，于是便留了下来,过起了群居的生活。后来,人们就把这个洞穴叫作"猿人洞"(图1.2.1),这群猿人也就是人们常说的"北京猿人"。现在,这里已经被辟为周口店国家考古遗址公园。

这里就是我们人类最早的"家"啦!

图1.2.1 猿人洞

劳动创造美好生活

周口店周围有很多石头,于是北京猿人开始就地取材,制作简单的工具。通过长时间的摸索,他们终于制造出了用于割、切、砍、刮等用途的工具(图1.2.2)。工具的种类很多,如刮削器、尖状器、砍砸器、雕刻器、石锤、球形器等等。有了这些工具,北京猿人就可以进行采集和狩猎了。他们采来栎树、榛树、榆树的果实、种子或者叶子,还有一些植物的茎,用木棒和石球猎取鹿、犀牛之类的草食动物。不过,由于工具原始,捕猎的办法单一,他们获得的肉食相当有限。周口店附近有一条河流,也是北京猿人经常光顾的地方,捕鱼、摸虾、捉蛙和拾螺,都可以补充北京猿人食物的来源,增加食物的种类。

图1.2.2　北京猿人的切割工具

虽然食物来源丰富了,但是北京猿人的寿命依然很短暂,居住的条件也非常险恶,有时不得不面对鬣(liè)狗、剑齿虎(图1.2.3)、棕熊和野猪等凶猛野兽的侵袭。

图1.2.3　剑齿虎的上犬齿

发现火种

有一天,北京猿人采集食物的时候,树林中燃起了大火。

惊恐万状中,他们突然闻到了一股香味。走近一看,原来是动物燃烧后发出的香味。他们试着把烤过的"食物"塞到嘴里,第一次尝到了美味,兴奋异常。火的作用,就这样被远古人类发现了。后来,他们逐渐学会了利用木头引火,使用其他天然物保存火种,这样不仅改善了他们的饮食结构,还可以用火吓退野兽,从此他们过上了比较稳定的生活。

就这样,他们在周口店地区断断续续地生活了四十多万年。他们是在什么时候,又是因什么原因消失的,我们已经无从知晓了。

他们更聪明——

大约在1.8万年以前,周口店又来了一批新的人,住在了龙骨山一个名叫"山顶洞"的地方(图1.2.4)。山还是那座山,水还是那湾水,但是这些山顶洞人比当年的北京猿人要聪明得多。他们懂得了人工取火,用火去追逐野兽;他们制作了骨针(图1.2.5),缝制出了遮体的衣服;他们还会在石头和骨头上钻孔,打磨石头,做成各种各样的装饰品(图1.2.6)。他们还可以走到遥远的地方,同其他地方的人交换生活必需品。山顶洞人的生活很忙碌也很丰富。

山顶洞人心灵手巧!

图1.2.5 骨针

图1.2.4 山顶洞

图1.2.6 装饰品(由兽骨和蚌壳做成)

长期的野外生活,练就了山顶洞人的奔跑速度。所以遇到行动缓慢的野兽时,山顶洞人能够很快追上并围住它,把它打死或打晕。围猎是男人的任务,女人的任务是采集野果、缝制衣服。老人们已经跑不动了,就去干一些钓鱼之类的耐力活儿。孩子们呢,既不会打猎,也不会钓鱼,更不会缝制衣服,就去河边捡些小石头、贝壳之类的东西,这些东西就是制作装饰品的原料。

农耕生活的雏形——西安半坡遗址

他们是这样的——

远古人类披荆斩棘的生活仍在继续,但也在一步一步地发生着改变。在今天西安市东郊的浐(chǎn)河东岸,一个名叫半坡的村子里，大约6000年以前居住着一群人。正是这群半坡人一次次的发明创造，推动了人类文明的进程。如今，原址上矗立着一座遗址博物馆——西安半坡博物馆，为我们展示了当年半坡人(图1.2.7)的生产生活状况。

图1.2.7　半坡人复原像

劳动创造美好生活

半坡人逐渐告别了采集食物的时代，走向了农业生产之路。他们用石锛(bēn)(图1.2.8)和砍砸器把一片片的树林和杂草砍除，等到它们干枯的时候，再放火烧掉，然后使用石铲、石锄翻地，疏松土壤，再用尖木棒等挖出一个个小坑，把种子撒播下去。等到庄稼成熟后，他们用石刀或陶刀收割谷穗。后来他们又发明了石镰，提高了收割谷子的效率。他们还制造出了石磨棒和石磨盘，给谷子去壳，把谷子磨碎。

图1.2.8　石锛

半坡人发明了新的狩猎工具——弓箭(图1.2.9)和石球,拉开了人和野兽之间的距离,避免了人和野兽近距离的正面接触,提高了攻击的准确性和杀伤力,也保证了人类的安全。

半坡人发现捕获的猎物越来越多,一时半会儿是吃不完的。于是,他们把吃不完的、温驯的活物,暂时关进了圈栏里,开始了原始家畜的饲养。猪、狗、羊、鸡,都是那时候开始饲养的。通过家畜的饲养,半坡人获得了乳汁、肉食和皮毛,满足了生活中的很多需要。

图1.2.9 弓箭上骨质的箭镞(zú)

可以说,半坡人对火的使用已经达到了相当熟练的地步,不仅学会了制陶,而且能够生产出各种带有纹饰的彩陶。他们用赤铁矿粉和氧化锰为颜料,在陶坯表面绘制各种图案,入窑经火烧后,在橙红的底色上呈现出黑、红、白等颜色(图1.2.10)。

6000年以前的半坡气候,比今天更为温暖、湿润。附近湖沼密布,雨水丰盈,在

6000年以前被制造出来的我还是很漂亮的!

图1.2.10 五鱼纹彩陶盆

这样的环境下,鱼类的繁殖能力很强,所以鱼也成了半坡人的主要食物之一。

半坡人捕鱼的工具很多,使用最多的是石网坠,其次是用骨头磨制的渔叉(图1.2.11)及其他渔具。由于鱼给半坡人带来了丰收和富裕,所以他们对鱼产生了膜拜之情,于是就有了鱼神的雏形。他们在祭祀鱼神的地方,放置了许多绘有鱼纹的陶器(如前文提到的五鱼纹彩陶盆),祈求渔猎的丰收。

图1.2.11　渔叉

最早的村落

走出了山洞的半坡人,在平原上建起了自己的房子,形成了村落。村子的形状是不规则的圆形,一条大围沟(图1.2.12)将村落分成了三个部分:围沟以内是居住区,沟外北边是墓葬区,东边是制陶区。除了居住区以外,半坡人还修建了许多地窖,这样可以储藏生产和生活用具。

图1.2.12　大围沟遗迹

日子慢慢好了起来，穿上了布衣的半坡人，开始用各种装饰品来美化自己。石环、陶环、骨笄(jī，古代束发用的簪子)、石璜(huáng，半璧形的玉)、蚌壳、兽牙，以珠饰、坠饰、片状饰、管状饰等不同

形态，装饰着半坡人全身的不同部位：把兽牙和蚌壳穿起来挂在颈部和腰部，把石环和陶环戴在手上或耳朵上，围在腰间的是骨珠，骨笄可以用来束发。

鱼米之乡的文化之源——浙江余杭良渚遗址

他们是这样的——

浙江省杭州市的余杭区早在远古时期就有了人类的足迹。他们在位于今天良渚镇的地方栽培水稻，改革生产工具，最终成就了余杭"鱼米之乡"的美誉。5000多年以前，告别了集体劳动的良渚人，开始了以家庭为单位的生产劳动。在他们中

间,有了贵族和平民的划分。良渚人的手艺很好,雕琢了各种精美的玉器;为了抵御外来者的入侵,他们还筑起了城墙,形成了中国最早的城市。

劳动创造美好生活

良渚人发明了形体硕大的犁(图 1.2.13),揭开了犁耕时代的序幕。这些三角形的犁,有的长度已经达到了 50 厘米。前锋的夹角一般在 40 度到 50 度之间,中心常常穿凿有 1 个到 3 个小孔。它们的背面平直,正面稍稍隆起,两腰磨出锋刃,并留有磨损痕迹。这种农具可以借助前

图 1.2.13　石犁

拉后推的力量,用来进行连续性翻土,其耕田的效率大大超过了耜(sì)耕方式。除了犁,他们还有石铲、石刀、石镰。就是这些成套的、制作精良的生产工具,把他们的稻作农业推进到前所未有的发达程度。

良渚人已经具备了识别和利用玉料的能力,掌握了雕刻玉器的高超技术。他们采用阴线刻纹、浅平浮雕、镂空透雕、半圆雕等多种技法,在玉料上雕琢出了细如毫发的鸟纹、神人兽面纹等纹饰。他们制作出来的玉器多达 30 余种,其用途也是不

一样的：玉琮（cóng）和玉璧在祭祀神灵的时候才可以使用，玉钺（yuè，古代兵器）（图1.2.14）是权力的象征。只有一般的装饰品，如玉带钩、管状器、玉龟和玉鱼才可以在日常生活中使用。

图 1.2.14　玉钺

不同的待遇

良渚人有了社会等级的分化，丧葬礼仪是最明显的表现。贵族死后，可以埋在人工营建的高台墓地之上，有宽大的墓穴和棺材，随葬有大量玉器（图1.2.15）。此外，随葬的陶器上还有非常精细的刻纹。而平民呢，他们大多只能埋葬在居住区附近或稍微远一点儿的高地之上，没有人工营建的墓地，墓穴很浅而且窄小，只有少数死者有木棺。他们的随葬品仅有一些小件玉器，陶器虽然多却很粗糙，石器也很少。一些平民的墓里，甚至什么东西都没有。

快来看看良渚贵族的墓中有多少宝贝吧！

图 1.2.15　瑶山2号墓出土的玉器

中华第一城

在经过精心勘察和规划之后(图1.2.16),良渚人开始修建城墙。他们在附近的天目山上开采石料,并从其他地方运来黄土,终于修成了一条周长6600米、平均宽度约50米、高4米的城墙(图1.2.17)。良渚人充分利用了自然条件,莫角山西南面的凤山和东北面的雉山也成了城墙的一部分。此外,他们还修建了六座水门。这样,良渚城除了能够抵御外族入侵之外,还具备了防洪的功能。这可是一座占地近300万平方米的大城市啊!有了城墙,良渚人又在莫角山上搭建了贵族们居住的宫殿,在城外建起了祭坛、手工业作坊和码头。就这样,良渚人有了自己的国家和首都。如今,良渚国家考古遗址公园已向公众开放(图1.2.18)。

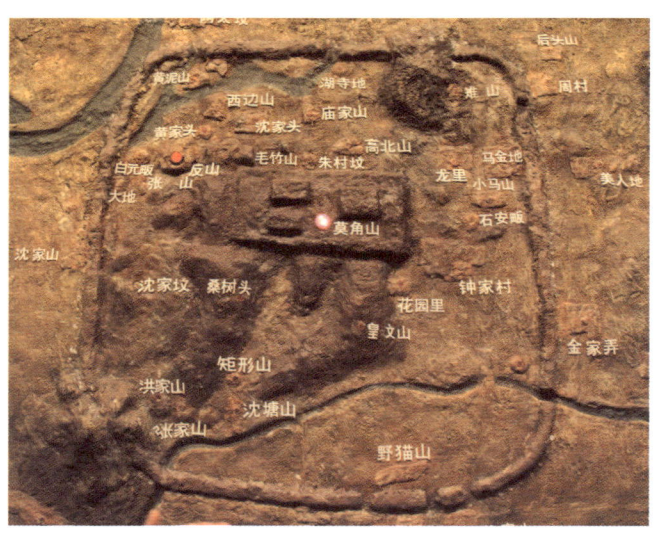

图1.2.16　良渚古城遗址平面图

图 1.2.17 良渚古城发掘现场（局部）

图 1.2.18 良渚国家考古遗址公园

供养女神的梁上原始人——辽宁牛河梁遗址

他们是这样的——

在我国辽宁省朝阳市境内的凌源市和建平县交界处，有一处名叫努鲁儿虎的山谷，谷间蔓延着十几千米的黄土山梁

（图 1.2.19）。就在 5000 多年以前，这里居住着一群人，而且就在这十几千米的山梁上，建起了一个古老而又神秘的国家。既然人们把这座山梁叫"牛河梁"，我们姑且把这群人叫作"牛河梁人"。现在，我们一起走进牛河梁遗址博物馆，去探寻他们的生活吧。

图 1.2.19　牛河梁遗址鸟瞰图

偶像的传说

牛河梁人崇拜女神，所以他们建造了一座女神庙（图 1.2.20）。女神庙的地点选在了山梁的顶部，由南北两组建筑物

图 1.2.20　女神庙遗址

组成。北部可能是主体建筑,有多个房间。而南部只有一个房间,大概是神庙的附属建筑吧!牛河梁人根据自己的想象,塑造了女神的模样。同时,他们还塑造了六位女性雕塑,陪伴在她的左右。

女神的头像和真人的一样大(图 1.2.21),朱红色的面部,两颧突起,圆额头,扁鼻梁,尖下巴。女神那双炯炯有神的眼睛,是用两颗晶莹碧绿的圆玉球镶嵌而成的。

我可是当时牛河梁人心目中的偶像哟!

图 1.2.21　女神头像

女神庙中为什么有这么多女性雕塑?原来在史前时代,女性被作为丰产的象征。这些女性雕塑的背后,是原始人类对于土地的信仰和崇拜,是对土地给予人类丰硕果实的感激和敬畏。那么,神庙中的这位女神又是谁?她应该就是牛河梁人心中至高无上的神。还有人认为,她就是采石补天的女娲娘娘。

牛河梁人在女神庙的附近筑起了祭坛(图1.2.22),祈求女神赐福。石块筑起了一圈圈红色的石桩,把祭坛分隔成三重圆形台基。这些台基的直径分别有22米、15.6米和11米。每层台基从外向内,以0.3到0.5米的高度,层层升高。祭坛为什么被筑成了圆形?因为天是圆的。祭坛为什么只有三层?因为"三"在古代有"多"的意思,"三重天"就是最高的天。牛河梁人用白色石块铺设在祭坛的顶部,代表着

图1.2.22 祭坛

朗朗的天穹和满天的星辰。而三圈红色的天然石桩,既是擎天柱,又代表着普照万物的太阳光芒。祭祀女神的日子到了,人们从四面八方赶过来,围绕在祭坛的周围,祝愿、起舞、歌唱,祈祷丰收和儿孙满堂。

古墓传奇

牛河梁人用石头垒砌墓穴,作为自己的魂归之所。他们首先修整山顶,然后垒砌石块。他们通常先砌一座大型石棺墓,在大墓的周围再砌几座或十几座小型石棺墓。最后在石棺墓

的上边堆放石块,形成了一种看似山陵状的"积石冢",它们围绕着祭坛,组成了一个统一的积石冢群(图1.2.23)。牛河梁人已经有了贵族和平民之分。贵族是那些大型石棺墓的主人,他们在棺墓内放置了大量的玉器。在这些玉器中,最精美的当数玉璧、玉环和玉猪龙了。在这些死去的贵族中,有一位手握玉龟的死者,他是牛河梁地区的最高统治者。而平民——那些小型石棺墓的主人,一般只有两三件玉器随葬,最多的也只有四五件。

图1.2.23 积石冢群

穿越时空

五六千年以前,告别了只能靠采集、狩猎才能填饱肚子的原始先民,走出了山洞,开始了男耕女织的田园生活。但是远古人类的田园生活到底是什么样的呢?恐怕每个人都很难描

图 1.3.1　生活、劳作场景

述得清楚明白。借助于声光电等高科技手段,良渚博物院第二展厅全景式地再现了良渚先民生活劳作的场景(图1.3.1)。

良渚人的圈栏里有成群的猪、牛、羊,所以不需要男人经常去狩猎。男人们的主要任务是耕地。两个人在前,一个人在后,利用前拉后推的力量,用不了多长时间,就能把一块田地翻个遍(图1.3.2)。妇女们也不用去外面采集野果了,她们就在

图 1.3.2　犁地

家里织布(图1.3.3)。不出几天工夫,就能织好一匹布。有时候,良渚人也会撑起小船,到附近的苕溪去捕鱼。有的鱼篓里已经装满了鱼,丈夫把它交给了岸上的妻子。看来,他们晚上可以享受美食了。想到这里,两个人禁不住露出了笑容。而他们的孩子,只顾一个人在岸上玩耍,丝毫没有注意父母在干什么(图1.3.4)。

图1.3.3 织布

我们爱劳动,我们爱生活!

图1.3.4 捕鱼归来

良渚这个地方经常下雨,地上会聚集很多的水。所以,良渚人要把房子建在高出地面的地方。怎样才能建造出既高出地面又坚固的房屋?良渚人先在地面上打下坚固的圆柱,然后利用已经掌握的榫卯（sǔn mǎo）技术，在圆柱上成功地搭建出牢固的房屋结构（图1.3.5）。他们只需要再完成铺设地板、糊墙和封顶的工序，就可以搬进去了。

制作小件玉器，就要切割玉料，良渚人的切割工具是弓形"锯条"。他们在玉料上不断地加入砂粒和水，来回拉动"锯条"，反复摩擦（图1.3.6），直到把玉料剖成两面平整的玉片为止。所以，许多良渚玉器都有线锯的痕迹。

图1.3.5 造房子

图1.3.6 切割玉料

国宝档案

周口店用火遗迹
发掘时间：1927年
发掘地点：北京周口店遗址

遗址揭秘： 周口店用火遗迹位于周口店遗址的第一地点，即北京猿人居住的猿人洞。

从1927年起，第一地点曾经被多次挖掘，最终考古工作者确认：洞穴内至少有5个灰烬层（图1.4.1），各灰烬层厚度不尽相同，最厚的地方有6米。经过化学分析，灰烬被确认是燃烧

图1.4.1　灰烬层

> 现在什么也看不出来，几十万年以前，文明却从这里开始。

图 1.4.2 烧骨（鹿角）

的结果，而不是矿物的污染，或者其他原因。洞内还有3处灰堆以及大量的烧骨（图 1.4.2）、烧石、烧焦的朴树籽。此外，还发现了一块紫荆树的炭块。种种迹象表明，北京人不仅懂得怎样用火（图

图 1.4.3 北京人用火示意图

1.4.3），而且会保存火种。

周口店用火遗迹的发现和确认，把人类用火的历史提前了几十万年。火的使用，对远古人类的进化有着重大的意义。除了可以躲避猛兽、御寒、照明和改善食物的营养之外，火还可以用于工具和武器的制作，如烧烤后的木矛矛尖硬度会增大。正是学会了用火，才会有后来制陶术和冶金术的发明，从而使人类最终摆脱蒙昧野蛮的状态，进入文明社会。

然而，西方学者对"北京人用火"提出了质疑。他们认为，周口店遗址发掘出的用火遗迹是野火自燃的结果，并不是人类有目的的用火。所以说，北京猿人到底会不会主动用火，还需要材料的进一步充实和更加严密的论证。

半坡房屋遗迹
发掘时间：1954年至1957年
发掘地点：西安半坡遗址

遗址揭秘：在半坡遗址的居住区，共发现46处房屋遗迹，分为圆形和方形（图1.4.4）两种，其中圆形居多。房屋的面积一般在12平方米到40平方米之间。在这些房屋中，有一座"大房子"，位于中心位置，面积约160平方米，是当时公共聚会的场所，或是氏族首领的居室。房屋大多采用一半在地下，一半在地上的"半地穴式"建筑形

图1.4.4 半地穴式房屋遗迹（方形）

式，同时还有少量在地面上筑起来的房屋。

建造"半地穴式"的房屋，一般有几个步骤：

1. 建造地面。先在地基上铺上一层木板，并涂抹好草泥土。经过火烤后，地面既光滑又坚硬。

2. 修筑墙壁。以坑壁为墙基，地穴以上先用手腕粗的木柱作为骨架，编造篱笆。随后在篱笆的表面敷上厚厚的湿泥，再架上柴火将其烤干。这样，坚固美观的墙面就打造好了。

3. 搭建屋顶。屋顶是用排列整齐的12根到20根木椽（chuán）架起来的，并覆盖了拌上泥的草。这样，一座抵御风雨的房屋就完成了。

在房屋内，半坡人还建造了灶坑一类的生活设施。有了房屋，半坡人就可以避开外界的干扰，和自己的家人享受安定的生活啦！定居于平川的半坡人，可能还难以忘怀旧石器时代祖先所栖身的山洞，所以掘坑为室，在地面上架起屋顶，保留了浓厚的穴居遗俗（图 1.4.5）。更何况，"半地穴式"的房屋冬暖夏凉，解决了半坡人在寒冷冬季和炎热夏季应对气候变化的问题。

图 1.4.5　穴居式房屋复原示意图

尖底瓶
发掘时间:1954年
发掘地点:西安半坡遗址

身世揭秘:半坡遗址出土的最典型的陶器是尖底瓶,它的用途是汲水。因为它有尖尖的底部,故得此名。它的口很小,而且颈部很短,有鼓起的腹部。大多数尖底瓶的腹部还有一对半环状的穿耳(图 1.4.6),可以系上绳子,用手提着去打水。这种造型奇特而优美,在自然界中从未得见,反映了远古人类非凡的创造才能。

尖底瓶不仅美观,而且使用极为方便:当它汲水时,由于水的浮力作用,瓶的重心上移,瓶身向水面自动倾倒;水灌到一定程度时,瓶的重心下移,又恢复到瓶口朝上的位置,瓶身自动端正。提出水面后,水又不会倾洒。尖底瓶能够自动汲水且提起不

看我像不像一位芭蕾舞者?

图 1.4.6 有穿耳的尖底瓶

第一章 上古时期的远古人类

倒,造型和体积大小适中,所以人们使用起来还是非常得心应手的,无论是大人还是小孩儿,把它背着、抱着、提着,都十分方便。注满水时,瓶的底部还可插入沙土里放置,或者系上绳子挂在树上。

可以说,尖底瓶的一切优良特性都与它的造型有关。但半坡人究竟受何事何物的启发发明了它,至今仍是难解之谜。据一些研究者说,尖底瓶还有保温的作用,所以有的尖底瓶没有穿耳(图1.4.7)。半坡人为了在冷天或者夜

我是6000年以前的"保温瓶"。

图1.4.7　无穿耳的尖底瓶

里喝到热水,把装上热水的尖底瓶插进燃烧过的灰烬里。因为这些灰烬的蓄热性能非常好,可以长时间保持热量。

良渚玉琮
发掘时间:1987年
发掘地点:良渚遗址群瑶山遗址2号墓

身世揭秘:良渚博物院展出的这件乳白色玉琮(图1.4.8),是用软玉雕琢的一种内圆外方的筒形玉器。玉琮中空的部分是矮小的圆柱体,外部为四个弧角的方柱体。每个凸面的转角上有半个兽面,与相邻转角上的半个兽面组成了一个完整的兽面，这样的组合使原本呆板的兽面更显生动且富有变化性。

玉琮是良渚文化最重要的玉器种类（图1.4.9），它有两种功能：其一，优质的玉琮是沟通天地的法器，劣质的玉琮用来镇墓压邪和避凶驱鬼；其二，因为只有身份显赫的人才能担任巫师，所以玉琮象征着权势和财富。在已发掘的墓葬中，我们可以看出，身份越显赫的人，随葬的玉琮、玉璧就越多，这些随葬品表明了主人生前的身份以及享用财富的程度和权势的大小。

图 1.4.8　玉琮　瑶山遗址 2 号墓出土

图 1.4.9　玉琮　反山遗址 14 号墓出土

汇观山 4 号贵族墓
发掘时间：1991 年
发掘地点：良渚遗址群汇观山遗址

遗址揭秘：汇观山 4 号墓是一座贵族墓葬（图 1.4.10），出土了大量的玉器，它们排列得十分整齐。这种用玉器埋葬死者的习俗，叫作"玉敛葬"。远古时期的先民认为玉不但能通灵，还能够保护人的灵魂。他们相信玉石可以使尸体久存不腐，所以开始使用玉器来埋葬死者，而良渚就是这种墓葬习俗的发源地。此后考古工作人员在春秋战国的墓葬中发现的玉覆面，以及在两汉时期的墓葬中发现的金缕玉衣和银缕玉衣，都是这种习俗的延续。

根据史书的记载，能够保护死者尸

图 1.4.10　汇观山 4 号贵族墓

图1.4.11 墓中的三叉形玉器

体的玉器种类,只有玉璧和玉琮,而且它们放置的位置都是有严格规定的。汇观山4号墓给我们展示了玉敛葬的相关信息:这座墓的主人头部朝南,共有陶器、玉器和石器三类随葬品,有3件陶器放在了棺材的外面,其余4件陶器和48件石器放置在墓主人的脚部。保护死者尸体的玉璧和玉琮,则放置在了胸部到脚端之间的部位上。而其他大件的玉器,如三叉形玉器(图1.4.11)、冠状器放置在死者腰部和腹部以上的部位。而锥形器、玉管和玉珠,则没有固定的位置。除了4号墓之外,汇观山上还发掘了三座同时期的玉敛葬。这三座墓葬中的玉器,摆放的位置和4号墓的情况大体相似。

无底筒形器
发掘时间：1986 年
发掘地点：牛河梁遗址

身世揭秘：无底筒形器是一种用黏土烧成的红陶，有宽敞的大口，弧形的腹部（图 1.4.12—图 1.4.13）。这种圆筒状而且没有底的器物，表面有彩绘的平行宽带纹、勾连涡纹、垂环纹

我们没有底，猜猜我们的作用吧！

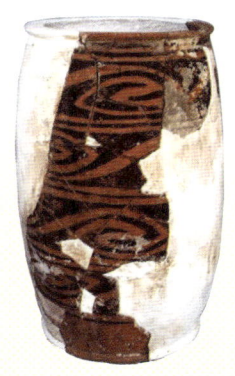

图 1.4.12　无底筒形器　　　　图 1.4.13　无底筒形器
　　　　祭坛出土　　　　　　　　　　积石冢出土

和鱼尾式纹等纹饰。筒形器是牛河梁遗址中最常见的器形，在积石冢、祭坛和女神庙等遗址中都有发现。

无底的筒形器不能当生活用具，也不能用于引水和排水，它就是一种单纯的祭祀器物。先民之所以把器物做成圆筒状，是因为天是圆的；把它置于地上，并在筒内放石块，又有了沟通天地的意思。天地要沟通，所以筒形器不能有底。在举行祭祀活动时，先民们将筒形器放置于墓地和墙基边缘，表示已经构建了通天大路，让逝者的灵魂早早升入天堂，保佑儿孙幸福和部族平安。红黑鲜明的筒形陶器成排摆放，可以烘托宗教的神秘气氛，使人们产生幻觉。祭祀结束后，这些筒形陶器要毁掉，因此留下了许多散布在遗址中的碎片。

第二章
再现千年前的繁华盛世

西市的四条街道纵横交错,商旅行人络绎不绝,非常拥挤。车水马龙的街道和熙熙攘攘的人群,诉说着昔日的繁荣。

国宝传奇

  1300多年前,在唐代都城长安(今陕西省西安市),城东、城西各有一个贸易集市,被人们称作"大唐东市"和"大唐西市"。东市经营国内贸易,西市是国际贸易中心。每天,西市都要进行大宗的商品交易,白皮肤、蓝眼睛的商人进进出出,好不热闹。算珠(图2.1.1)便是见证之一,它可以计算商铺的财务收支和货物交易量。

图2.1.1　算珠　大唐西市遗址出土

大唐西市遗址出土的这套算珠，共有 60 枚，看上去有点儿像药丸的形状（图 2.1.2），有黄色和绿色两种。规格也分为两种：一种直径 2.5 厘米，一种直径 1.2 厘米。算珠涂釉的地方很薄，依稀可以看见散乱分布的涡纹。为什么考古学家判断它们是算珠，而不是小孩儿玩的实心弹球呢？原来，摇动它们时，可以感觉到硬核在算珠的内腔中晃动。根据史料记载和考古现场勘察，可以推断它们是算盘的珠子。

图 2.1.2　算珠

这套算珠的发现具有划时代的意义。中国古代一直使用筹算，经历很长一段时间，珠算才出现，逐渐取代筹算，成为主要的计算方法。什么是"筹算"？就是使用类似小棍形状的"筹"作为工具（图 2.1.3），来记数、列式和运算。筹，可以用竹子、木

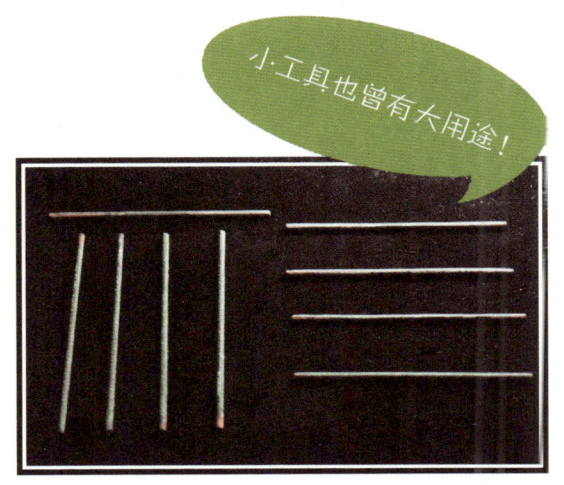

图 2.1.3　筹

头、铁、骨或玉等材料做成,盛装在算袋或算子筒里。筹算的方法过于繁杂,无法适应大宗的交易量,珠算就是在这种情况下产生的。珠算产生后,运算速度有了很大的提高,商业也得到了进一步的繁荣。那么珠算是从什么时候开始出现的呢?一般的观点认为,珠算萌芽于宋元。但有些数学家认为唐代就已经出现了珠算。大唐西市遗址出土的这些釉陶算珠,为珠算的起源提供了实物资料,有力地证明了早在唐代就已经有珠算的萌芽。

如今,这些陶质算珠静静地摆放在大唐西市博物馆的展柜中,向人们诉说着昔日商贸的繁荣。

十几个世纪过去,昔日的繁华胜迹早已被厚厚的瓦砾和

土层所湮没。人们或许早已淡忘，这里曾经是一处繁华的集市，只知道许多年里，一支几十人的考古队伍，在这里几进几出。他们在这里进行了多次勘察，也发掘过陶罐、陶盆或者古钱一类的遗物。然而不可思议的事情发生了，大唐西市在现代复活了！一座座商铺在西市旧址拔地而起，置身其中，人们仿佛回到了唐代。这就是西安市于2007年启动的"唐皇城复兴计划"，在这个项目的支持下，大唐西市在千年之后重新焕发了光彩。

每个时代的都市，都是繁华的见证。宋代人孟元老有一本书,叫作《东京梦华录》,追述了北宋王朝都城汴京(今河南省开封市)繁华的城市风貌。然而,古代城市中的繁华胜迹,古人的记录毕竟太少,着实令人遗憾。

现在我们一起到遗址博物馆和遗址公园,借助现代科技手段,去感受昔日的繁华盛世吧!

繁华遗迹

请君只看洛阳城——隋唐洛阳城遗址

它是这个样子的——

洛阳城是隋、唐两个朝代的东都,隋代大业元年(605年)开始兴建,历经隋、唐、五代,直到北宋末年还在使用。隋唐时期的洛阳城不仅是丝绸之路在东方的起点,也是隋唐大运河的中心。它主要由宫城、皇城、郭城、东城、含嘉仓城、上阳宫、西苑等部分组成(图2.2.1),占地约47平方千米。

隋唐洛阳城遗址公园内的定鼎门遗址博物馆二楼,放置着一座100平方米的隋唐洛阳城沙盘模型(图2.2.2),展示着当时洛阳城的建筑格局。当时的洛阳城有非常宏大的建筑,如定鼎门、天津桥、天枢、端门、应天门、乾元门、乾元殿（后改为明堂）、天堂、贞观殿、徽猷殿、玄武门、曜（yào）仪门、圆璧门和龙光门等（图2.2.3）。

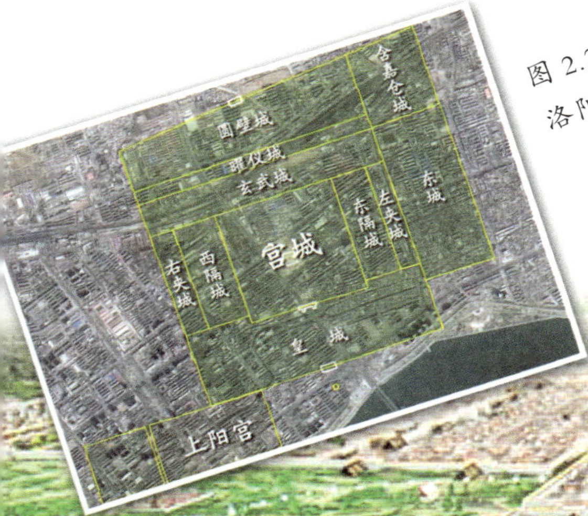

图2.2.1　隋唐洛阳城的布局

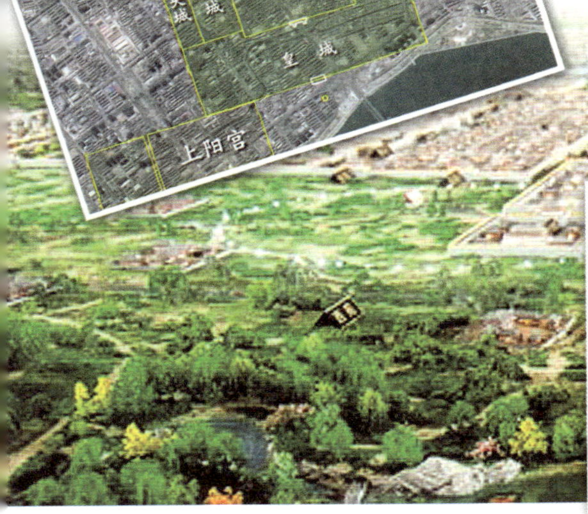

图2.2.2　隋唐洛阳城的沙盘模型

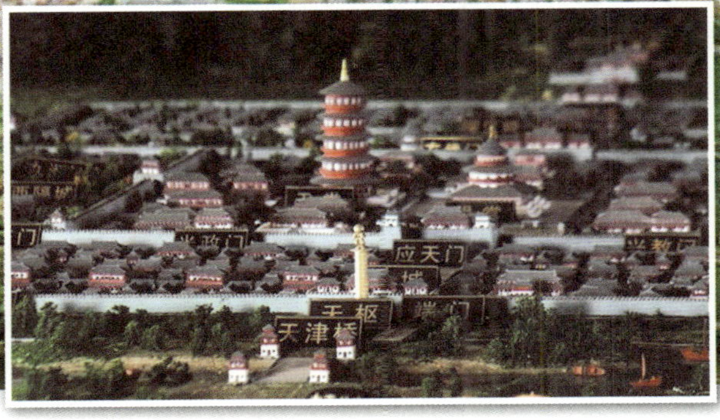

图2.2.3　隋唐洛阳城模型（局部）

690年，中国著名的女政治家——武则天在洛阳的明堂登基称帝，改国号为周，揭开了她传奇的女皇帝生涯。早在两年

前，为了登基大典，武则天下令拆除洛阳宫的正殿乾元殿，在此建造明堂。随后又在明堂的北面建造了五层高的天堂，供奉巨大的佛像。明堂号称"万象神宫"，整体建筑格局采用的是上圆下方的建筑形制，体现了"象天法地"的设计理念。整座建筑十分壮观华丽，圆形屋顶上有展翅欲飞、饰以黄金的凤凰雕塑，中层的圆盖装饰有九条盘旋的黄龙。

明堂的功能很复杂，既是发布政令的中枢，又是敬拜神灵的场所，同时也是武则天的寝宫。从690年到704年，武则天执政的14年时间里，几乎每年的元旦和冬至日，都要在明堂举行朝贺和祭祀活动。在这里，她开科取士，招揽人才；在这里，她调兵遣将，指挥若定。明堂，这座宏伟的圣殿，深深打上了武则天的烙印。

昔日的圣殿早已烟消云散，现代人通过残留的历史记忆，在原址上恢复了明堂。整座建筑总高20米，宽105米，建筑面积近1万平方米，有3层台基，建筑顶端是八角形的屋顶（图2.2.4）。站在这里，回望历史，凭吊古人，别有一番滋味。

武则天为什么把国都选在了洛阳，而不是长安？原因很多，但是有一个原因是大家公认的。那就是，洛阳处在大运河的中心位置，可以就近获得粮食补给。

大运河开通以后，各地的粮食源源不断地运入洛阳。早在隋代，洛阳的附近就布满了粮仓，著名的有洛口仓。隋代末年，群雄逐鹿，瓦岗大军攻下洛口仓，势力得到了空前的壮大。唐代以后，含嘉仓成为供养洛阳官员和百姓的大粮仓。在洛阳城

图 2.2.4　明堂复原建筑

的东北面，还修建了一座城池保卫含嘉仓，只有四座城门通向仓城。含嘉仓城的平面呈长方形，南北长 725 米，东西宽 615 米。考古工作者已经在仓城的东北部和南半部探出 287 座粮窖（图 2.2.5），它们呈东西排列，南北成行。至今，在一个编号 160 号的窖中还保存着 250 吨左右的碳化谷物。

粮窖的管理有着严格的制度，每座粮窖在仓城中的方位以及储粮的品种、数量，粮食来自哪里，什么时间运入粮窖，经办官员的官职和姓名等，都要明明白白。这些内容

图 2.2.5　粮窖发掘现场

被记录在石砖（图 2.2.6）上，许多石砖还刻着唐代皇帝的年号，如调露、长寿、万岁通天、圣历等。

欢迎大家来参观1000多年前留下来的粮窖。

图 2.2.6　含嘉仓的石砖

风雨尘烟大明宫——大明宫考古遗址公园

它是这个样子的

635 年，做了太上皇的唐高祖李渊得了一场病。当时正值夏季，天气炎热，李渊居住的太安宫不适合休养，唐太宗李世民决定为父亲修建一座宫殿，作为消暑和休养的地方。然而工程刚刚开始，李渊就离开了人世，工程也就停了下来。高宗即位，恢复了工程建设，于 663 年正式入住，后宫殿被改名为大明宫。从此,大明宫成为唐代政治统治的中心。904年,大明宫毁于战火,几年之后,唐代灭亡。2010年,大明宫遗址被辟为国家考古遗址公园(图2.2.7),正式向公众开放。

① 兴安门倒影广场
② 建福门倒影广场
③ 丹凤门南广场
④ 望仙门倒影广场
⑤ 御道广场
⑥ 建福西路
⑦ 御道广场西路
⑧ 建福中路
⑨ 殿前西路
⑩ 昭庆路
⑪ 右金吾丈勺瓶车停车场
⑫ 左金吾丈勺瓶车停车场
⑬ 公园西路
⑭ 宫墙路
⑮ 宫墙路
⑯ 右银台门外广场
⑰ 右银台门广场
⑱ 池南路
⑲ 九仙门外广场
⑳ 玄武门广场
㉑ 玄武路
㉒ 公园北路
㉓ 球场周边道路
㉔ 东缓冲区三级园路
㉕ 东缓冲区停车场
㉖ 东缓冲区E号广场
㉗ 莲花砖上朝路
㉘ 西缓冲区停车场
㉙ 考古遗址中心
㉚ 青霄路

图2.2.7 大明宫考古遗址公园规划图

大明宫分为南、北两个部分:南部是皇帝处理政务的地方,由南向北构成了一条中轴线。在中轴线上,坐落着含元殿、

宣政殿和紫宸殿三大殿,其他建筑也大都沿着这条轴线分布。北部是皇帝的生活区,以太液池为中心,周围有三清殿等多处建筑遗存分布,生活区的西部是朝廷宴会和接见外国使节的麟德殿。根据史书记载,大明宫共有133处建筑,有2台、4观、6亭、6阁、8院、10楼、38门、56殿,馆、落、池各1处。

如今,大明宫考古遗址公园里的宫城微缩景观(图2.2.8—图2.2.9),向我们诉说着昔日大明宫的繁荣气象。

风雨尘烟

图2.2.8　大明宫复原效果图

漫步在大明宫考古遗址公园,就会发现历史的遗迹正在把当年大明宫里发生的大事小情向人们娓娓道来。

图2.2.9　大明宫微缩景观(局部)

712年，唐玄宗李隆基即位。初登帝位的李隆基，意气风发，发誓要为百姓营造一个太平盛世。而要实现盛世，关键还是要选拔合格的地方官。想到这里，他决定在宣政殿里亲自考核吏部最新任命的一批县令。然而考试的结果大出皇帝的意料：在一百多位考生之中，只有一人是可造之材，二十多人基本合格，而一半以上是滥竽充数之辈。唐玄宗当场罢免了滥竽充数的县令，揭开了科举考试改革的序幕。宣政殿，这座见证唐代重大政治活动的宫殿，如今只剩下一段东西长近70米，南北宽40多米的台基了。

再说说紫宸殿，皇帝和五品以上的官员，每天都要在紫宸殿里议决国家大事，当然也会举行其他的活动，比如招待四方的少数民族首领、外国使节，庆祝军事胜利，选拔天下英才等。现如今，紫宸殿的建筑主体已被破坏，夯（hāng）土基和夯土依

稀可见。

参考史书上的记载，如今的古建专家和建筑艺术家用树木修剪出了宣政殿和紫宸殿的主体形状，并在此基础上，用轻钢和原木搭建了宫殿的轮廓（图 2.2.10—图 2.2.11）。

从武则天退位到玄宗上台，唐代高层的权力斗争一直不断。仅在大明宫北面的正门——

图 2.2.10　宣政殿遗址

图 2.2.11　紫宸殿遗址

玄武门内外，就上演了两次宫廷政变：710年，李隆基攻进了玄武门，诛灭了乱政的韦皇后和安乐公主，两年后登基，成为千古一帝；而就在三年前的玄武门前，另一场政变的失败者——

李重俊被杀,身首异处。一胜一败的结果,诠释了"成者为王,败者为寇"的真正含义。时隔几十年后,又一次的玄武门政变,使唐代宗李豫成为大明宫的新主人。

当年的血腥场面,早已尘封在历史的记忆中,复原后的玄武门也不在原址。只有矗立在原地的石碑(图2.2.12)还在提醒人们:这里才是当年亲历盛唐世事更迭的玄武门!

图 2.2.12 玄武门遗址石碑

对外交往的窗口——扬州唐城遗址

它是这个样子的——

隋唐时期,大运河开通,国际交往频繁,扬州一跃成为当时最繁荣的国际商业大都会,重要的南北交通枢纽,最大的商品集散地和著名的对外贸易港口,成为继都城长安、东都洛阳之后的第三大城市。历经秦、汉、魏、晋、南朝、隋唐、宋等朝代的洗礼,扬州城垣(yuán)虽屡有兴废,然而城址却未曾发生变化(图 2.2.13)。

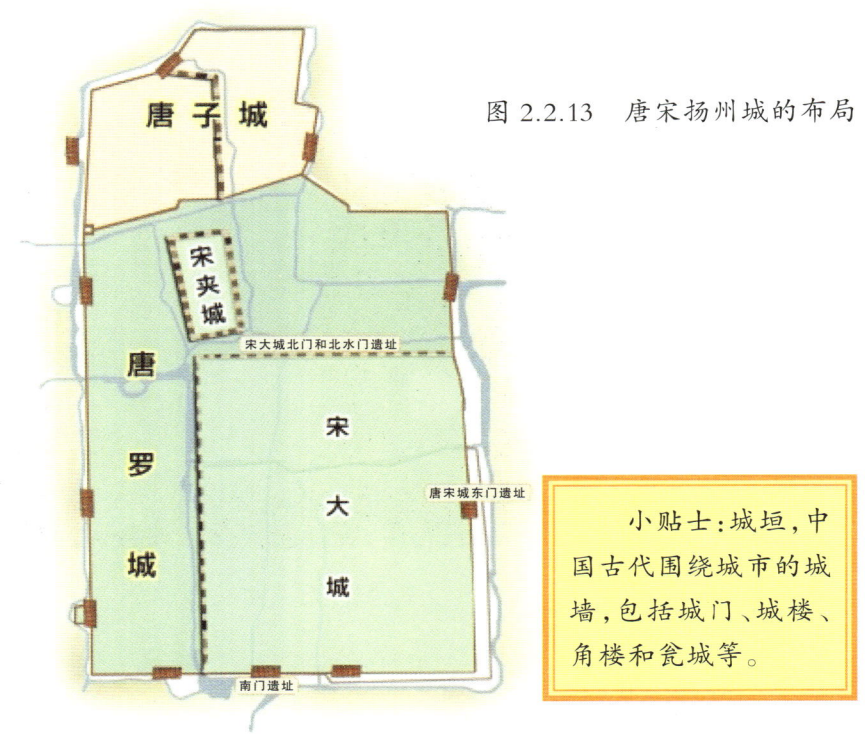

图 2.2.13 唐宋扬州城的布局

小贴士:城垣,中国古代围绕城市的城墙,包括城门、城楼、角楼和瓮城等。

唐代的扬州城继承了隋代城市的布局特点,分为子城和罗城两部分。子城又名牙城、衙城,是官府和衙署办公的地方。子城在城北的蜀冈之上,可以俯瞰罗城,据险而守,考古发掘留下了相关的证据。居民区和工商业区则分布在子城的南面,四周有郭,所以叫郭城,又名罗城。

扬州唐城遗址博物馆(图 2.2.14)就坐落在子城遗址的西北角上,在这里还有复原的子城城墙(图 2.2.15)。城墙高约六

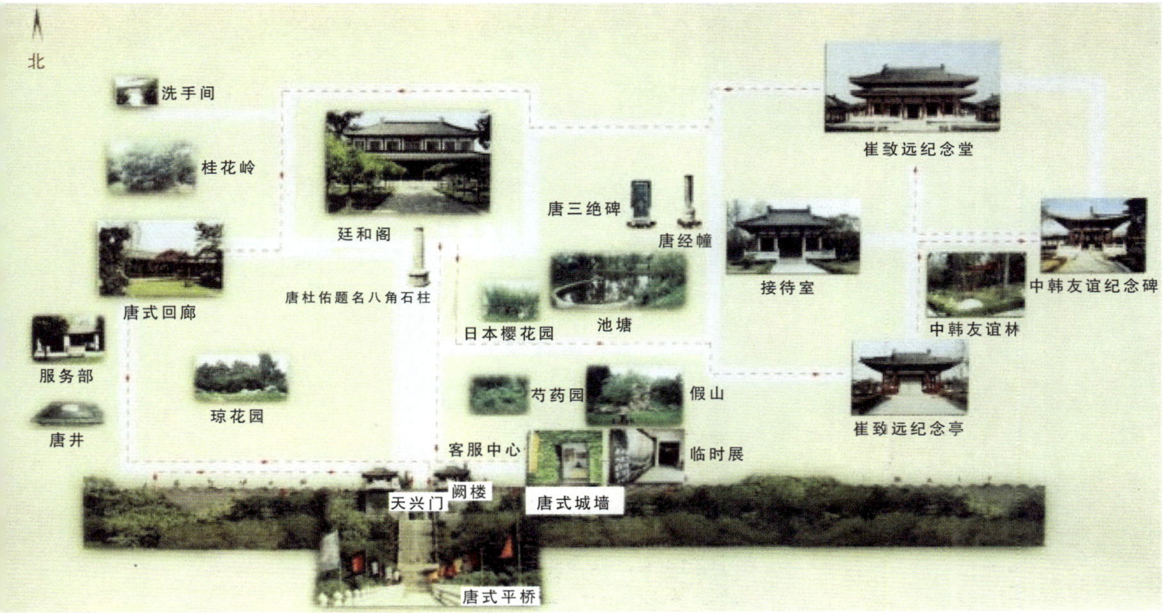

图 2.2.14　扬州唐城遗址博物馆导览图

米,城门为八字门楣,双阙并立,中夹门道。城墙之上,大唐彩旗迎风飘扬,铃声阵阵,悦耳动听。在南城墙外的护城河上,还有一座长148米的唐式平桥横跨南北。登上南城墙远眺,可以看到蜀冈下遗存的罗城城垣和秀丽的景色,而这样的情境多多少少会勾起人们的怀古之情。

唐代的扬州,公共设施已经相当完善。在子城遗址内,有一

图 2.2.15　仿唐子城城墙

处排水涵洞的遗迹(图 2.2.16),残长 12 米,洞宽 1.8 米,高 2.2 米。涵洞其实就是排水管道,而为了调节水流,洞壁的中腰设置了一块木板。这样的设计结构,在当时的隋唐城市考古发掘中还是首次发现(图 2.2.17)。

图 2.2.17 排水涵洞复原效果图

图 2.2.16 排水涵洞遗址

昔日盛景

唐代的扬州是对外开放的港口,扬州铜镜久负盛名,海马葡萄纹镜更是铜镜中的上上品,曾通过海上向东传入了今天的日本和朝鲜半岛,扮演了中外文化交流使者的角色。

2007 年,时任国务院总理的温家宝在一次中韩经济界举办的午餐会上，特别提到了新罗的文学家崔致远。崔致远生活在唐代晚期，长期在中国扬州生活和工作，留下了著名的文集——《桂苑笔耕集》。他在扬州担任的官职叫作"馆驿巡官"，主要的工作职责是传递消息、投送公文、转运公家的物品，按照官职的大小给来往的官员提供食宿。崔致远工作勤恳，又有过人的才华，所以被当时扬州的最高长官高骈看重，担当了撰写奏章和修建扬州城的重任。通过高骈，崔致远得以施展自己匡时济世的政治抱负。离开扬州回国之后，他又为中国文化的传播积极奔走。

如今，扬州唐城遗址博物馆开辟了崔致远纪念馆，不仅为崔致远塑像（图2.2.18），而且用翔实的史

小贴士：新罗，朝鲜半岛的古国。曾与百济、高句丽形成鼎足之势，处于朝鲜的"三国时代"，与中国唐代有密切联系。

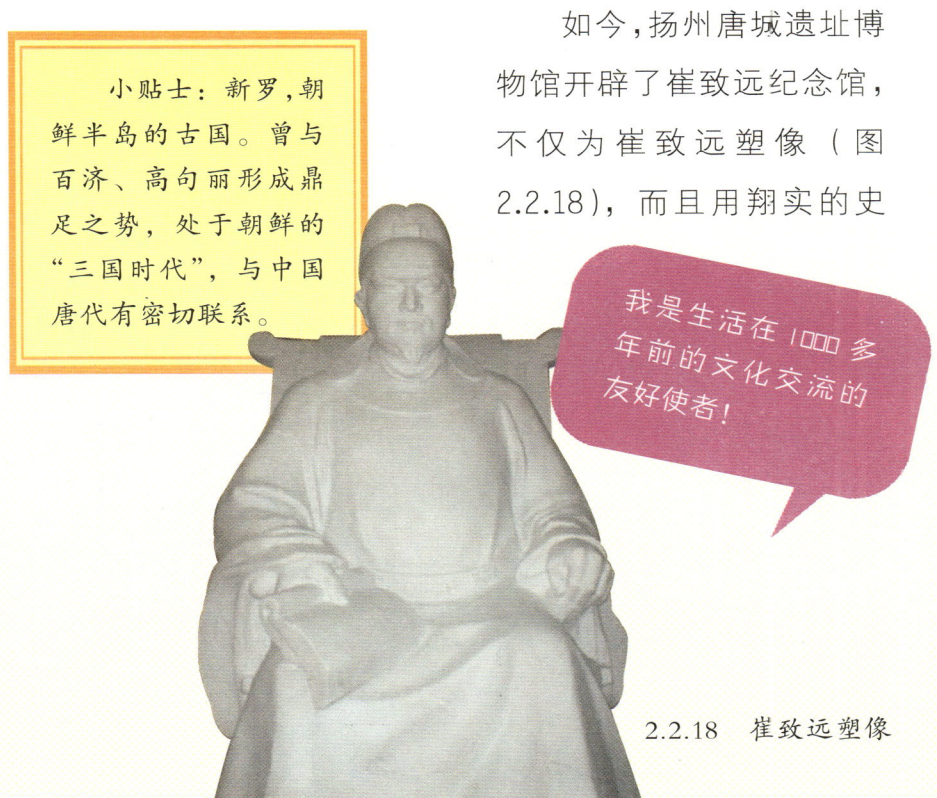

我是生活在1000多年前的文化交流的友好使者！

2.2.18 崔致远塑像

料、图片和文物,介绍了他在扬州的业绩,以此来赞扬这位中韩文化交流的友好使者。

梦回繁华地——大唐西市遗址

它是这个样子的——

隋王朝刚建立的时候,就在当时都城的东、西两侧设立了市场,分别定名为"都会"和"利民"。中国古人要避讳当朝皇帝的名字,唐太宗李世民做了皇帝以后,"民"在民间就不能用了,"利民"也就改成了"利人",这就是后来的"西市",而"都会"也就是后来的"东市"(图2.2.19)。人们经常在这两个市场里购买用品,俗语"买东西"也就是在这时候产生的。大唐西市博物馆就坐落在西市原址上。

为了管理西市,唐代政府设立了一些机构,如"西市署""平准署"等,并派驻了官员。他们有着明确的分工:每天早

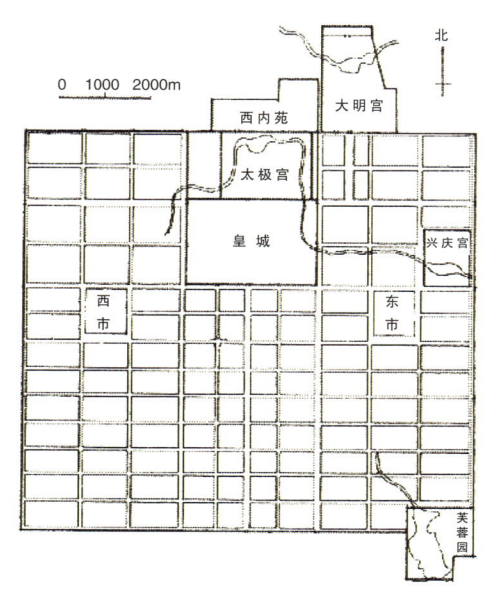

图 2.2.19 西市的位置

上，西市署的官员击鼓（图2.2.20），开启一天的商业活动；临近黄昏的时候，官员敲击闭市钲（zhēng）（图2.2.21），标志着一天的商品交易结束。此外，他们还要定期检查度量衡，解决商人之间的纠纷。而调整市场物价、稳定市场供求关系的任务，则落在了平准署官员的身上。

图2.2.20　击鼓开市

图2.2.21　鸣钲闭市

昔日盛景

在西市1600亩（约为106万平方米）的区域内，集中了二百二十行、数万户的商家，平均店铺面积大概只有10平方米。为了扩大营业面积，获取更多的利润，许多商家在正铺之外又建造了偏铺，影响了西市的管理。所以，官府不得不下禁止令，拆除违章建筑。

西市有很宽的街道,四条街道纵横交错。西市有16米宽的"井"字交叉街道,南北两条街市相隔309米,东西两条街也有327米的距离。与其同时期的阿拉伯帝国,首都巴格达市场只有几条百米长的街道,而东罗马帝国的都城君士坦丁堡,最大的市场占地也不过上千平方米。

车水马龙的街道和熙熙攘攘的人群,诉说着昔日西市的繁荣。现在大唐西市博物馆一层的"十字街"遗址保护展厅(图2.2.22)还保留着当年的印迹。16米宽的路面上,左右各留出1米宽的人行道,中间是14米宽的车马道。路面不仅有长年碾压的痕迹,而且留有若干条宽1.3米的车辙遗迹。

每天,西市的行人络绎不绝,非常拥挤,所以桥梁必须结实。在十字街口的北侧,东西向的沟渠上有一座石板桥(图

2.2.23），长 5.5 米，宽 1.75 米，供人们通行。石桥由 7 块石板组成，除了用铁卡固定它们之外，每块石板的下面还有支撑石板的石条。石桥下面的涵洞是一条排水通道，这说明了西市的公共设施很完善。

人们还把永安渠和龙首渠引入西市，成为西市连接外界的水运要道，同时也是西市饮用水的来源。人们在各自的作坊或商铺中开凿了许多水井和水窖，解决了吃水和生产用水的问题。这些水井的规格一般是：深 4 米～6 米，直径约 1 米，井壁用砖砌成（图2.2.24）。

图 2.2.23　石板桥

图 2.2.22　遗址大厅

图 2.2.24　水井遗迹

穿越时空

也许大家很难像历史学家和考古学家那样,通过查看历史记载和亲临发掘现场,去感受昔日大唐西市的繁华景象。但是,大唐西市博物馆通过模型复原了西市的概貌,展示了发生在西市里的故事,让大家对大唐西市有一个更加直观的认识。

图 2.3.1 大唐西市建筑模型

南北向和东西向的四条街道纵横交错,把西市划分成九个面积相等的长方形格局(图 2.3.1)。药铺、杂货铺、染坊等二百多个行业,鳞次栉比地开设在九个长方格中(图 2.3.2)。一条河道,连接着西市的东、西方,岸边整齐地排列着翠绿的杨柳,一条条货船穿梭于河道之中,它们有的准备装卸,有的已经起航。街道上同样是热闹非凡,还有人牵着马匹走在拱桥上(图 2.3.3)。

图 2.3.2 西市模型中的商铺

图 2.3.3 西市水运模型

西市处处充满了商机,能够准确地把握商机的窦乂(yì)就是在此发家致富的。他在西市的南面,花三万钱买了一片无人问津的低洼地,并在洼地的中央立起了一根高大的旗杆,他每天雇人做好大饼,并派人放出消息:只要有人用石子击中旗杆顶端的绣球,就有免费的大饼吃,多中多得(图2.3.4)。消息吸引了很多长安城的闲人。杆子很

多思考,勤动脑,定能致富!

图 2.3.4 复原展览之一——窦乂买坑

高，很少有人能击中，但是大家的好奇心和好胜心丝毫不减，投石击球的人越来越多。没过几天，人们就把这片洼地填平了。窦乂在这块土地上盖了二十几家铺面出租，每天坐收几千钱的租金。

西市也是文人骚客经常光顾的地方。"李白斗酒诗百篇，长安市上酒家眠。天子呼来不上船，自称臣是酒中仙。"唐代大诗人李白经常出入西市胡人开设的酒肆，酩酊大醉之后，写下了许多脍炙人口的诗篇（图2.3.5）。

图 2.3.5　复原展览之二——李白醉酒吟诗

国宝档案

明堂中心柱坑遗址
年　　代：唐代武则天时期
发掘时间：1986 年
发掘地点：隋唐洛阳城遗址明堂遗址

　　遗址揭秘：1300 多年前，武则天在明堂登基称帝。根据史料记载，明堂建筑有三层，中间是 86 米高的巨型通天柱，贯通明堂。中心柱坑遗址，其实就是通天柱的底座部分。

> 不起眼儿的我在1300多年前撑起了约有20层楼那么高的通天柱！

这处遗址的坑口直径9.8米，坑底直径6.16米，底部有四块大青石，每块青石长2.4米，宽2.3米，厚约1.5米（图2.4.1）。青石的周围有砖砌的矮墙，呈现出八边形（图2.4.2）。四块青石的中心处有一个正方形的槽，边长0.78米，深0.4米，其中的三方石头上凿有直径为0.3米的圆形榫眼。这四块青石能够承受通天柱的巨大压力，槽和榫眼则是用来固定通天柱的。史书上说通天柱很粗，需要十个人合抱在一起才能将其围住。而柱坑的发现，证明了史书的记载是真实的。

2010年，明堂重建以后，柱坑遗址成为明堂一层的中心展示区。昔日的通天柱已经不复存在，但是在高科技

图2.4.1　柱坑遗址

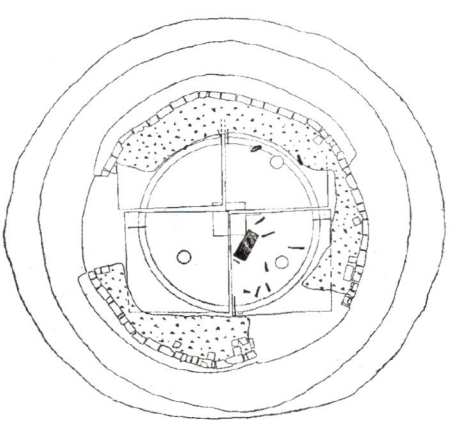

图2.4.2　柱坑遗址平面图

的帮助下,通天柱得以重现。工作人员在柱坑的外沿围成了一个八面体的玻璃柱筒,又在其北面相邻的三面上使用了一种电解质调光玻璃(图 2.4.3)。这种玻璃通电之后,可以投射出"通天柱"的影像。玻璃时而展现通天柱的壮观,时而变成透明状,一条金色的巨龙游弋其中,观众可以近距离地感受通天柱的气势恢宏与金碧辉煌。站在明堂的二层俯瞰,柱坑遗址一览无余。

图 2.4.3 通天柱展示区

丹凤门遗址
年　　代：唐代
发掘时间：2005年
发掘地点：唐代大明宫遗址

遗址揭秘：丹凤门是大明宫的正南门，始建于662年，门上建有巍峨高大的丹凤楼，是唐代皇帝进出大明宫的主要通道，也是皇帝登基、更改年号、大赦天下和宴请外国来宾的重要场所。考古发掘证实：丹凤门由黄土夯筑，由东、西两个墩台（作用和烽火台相同）、五个门洞、四道隔墙、东西墩台两侧的马道和城墙组成。墩台两侧的马道各宽3.5米、长54米。五个门洞的宽度都是8.5米，而且设有石头做成的门槛。隋唐都城的城门已经发掘过多座，但无论从门道的宽度，还是从马道的长度来看，没有一座城门能够超过丹凤门的规模，因此它被誉为"盛唐第一门"。

不仅如此，考古专家在挖掘丹凤门遗址的过程中，还发现了许多唐代以后的遗物，见证了西安古城形成和发展的历史。2010年，由张锦秋先生设计和复原的丹凤门矗立在原址上，保持了墩台、门洞、城墙、马道和门楼的基本结构，再现了唐代皇宫正门的形式、尺度和建筑特色。丹凤门外部全部选用淡棕黄色的色彩，既像黄金，又像黄土（图2.4.4—图2.4.5），展现了皇

我可是"盛唐第一门"!

图 2.4.4 丹凤门复原建筑

宫正门的宏伟端庄;内部是丹凤门遗址博物馆,共有三层,集中保护和展示丹凤门遗址和从中出土的文物(图 2.4.6)。

图 2.4.5 夜幕下的丹凤门

图 2.4.6 丹凤门遗址展示区

> **含元殿龙首渠及御桥遗址**
> 年　　代：唐代
> 发掘时间：2006 年
> 发掘地点：大明宫含元殿遗址以南
> 　　　　　650 米范围内

遗址揭秘：含元殿遗址以南 130 米处，是一条东西向的人工渠道。已经探明的长度为 400 多米，宽 3.6 米，深 1.6 米，渠道两壁陡直，局部有砖砌的护坡（图 2.4.7）。在 400 多米长的渠道内，有 3 处木桥的桥墩遗存。可以想象，这里曾经矗立着 3 座桥梁。中间的桥梁正对着含元殿遗址（图 2.4.8）的中央，东西长 17 米，南北宽 43.3 米，有 7 个桥洞。西桥距离中央桥梁 128 米，东桥距离中央桥梁 129 米。

图 2.4.7　龙首渠支渠遗址

图 2.4.8　含元殿遗址

根据史书的记载,这条水渠应该就是唐代龙首渠的一段支渠,龙首渠上的东西桥梁是文武百官的"下马桥",中间的桥梁则是皇帝专用的"御桥"。此外,考古工作者还发现了车道和砖道遗迹(图2.4.9)。

目前,遗址公园已经对龙首渠支渠和御桥进行了复原展示(图2.4.10)。通过桥梁、车道和砖道遗迹,便可想见唐代文武

图2.4.9 含元殿遗址前的砖道复原

图2.4.10 龙首渠和御桥复原展示

官员上朝时的情景:天还未亮,唐长安城内已经出现了一些乘坐马车的文武百官,急匆匆赶往大明宫含元殿。他们在东西桥的南侧下车之后,步行经过东西桥,穿过砖道,进入含元殿的西朝堂,等待皇帝上朝。

青花瓷碎片
年　　代:唐代
发掘时间:1978年
发掘地点:扬州唐城遗址

身世揭秘:扬州唐城遗址是中国境内最早发现唐代青花瓷的地方,共出土二十几件残片(图2.4.11)。唐青花瓷的发现,解决了青花瓷最早起源于唐代还是宋代的争论,具有重要的意义。随后,杭州、洛阳等地也陆续发现了唐代青花瓷小件或残片。

据推断,唐城遗址出土的青花瓷片很可能是

图2.4.11 青花瓷片 扬州唐城遗址出土

由生产唐三彩的黄冶(今属河南省巩义市)窑炉烧制的,因为黄冶窑烧制的蓝釉陶片与扬州出土的唐青花瓷片化学成分完全一致。有的学者因此认为青花瓷与唐三彩一脉相承,青花瓷是由唐三彩中的蓝彩发展而来的。

现在,世界上保存完整的唐代青花瓷主要有美国波士顿博物馆收藏的一件青花花卉纹碗和丹麦的哥本哈根博物馆收藏的一件青花鱼藻纹罐。此外,1998年,一家德国打捞公司在

我和"唐三彩"有可能是亲戚哟!

印度尼西亚海域打捞出一艘名叫"黑石号"的唐代沉船,发现了三件完整的唐代青花瓷盘。经过专家们的鉴定,这三件青花瓷盘也是由黄冶窑烧制的。2006年,郑州上街区峡窝镇的7号唐墓出土了两件青花罐,其中一件的图案是打马球(图2.4.12)。

由此可知,唐代青花瓷不仅在国内使用,而且远销海外。由于扬州是唐代的四大对外贸易港口之一,我们可以推测,远销国外和国外收藏的那些唐代青花瓷,有一部分可能是从这里出港到达海外的。

图 2.4.12　打马球青花纹罐

独木舟
年　　代：唐代
发掘时间：1979 年
发掘地点：石塔西路唐代河道遗址
现藏地点：扬州唐城遗址博物馆

身世揭秘：这只独木舟被发现时，已经残破。整个船体残长 5.72 米，宽 0.7 米，深 0.29 米（图 2.4.13）。它是由一根桫（suō）木挖成的，剖面呈"U"形。船体的内部有分隔船舱空间的凹槽，而且在凹槽上放置了木板。船的头部翘出，露出尖尖的一角，船尾呈现出平直的状态。从 20 世纪 60 年代以来，扬州已经陆陆续续地发现了 10 多艘唐代独木舟。这些独木舟主要有两个

图 2.4.13　独木舟　扬州唐城遗址博物馆馆藏

用途：一是用于端午节的龙舟比赛，如陈列在扬州双博馆里的"竞渡船"（图 2.4.14）；另外一个是作为河岸与大木船之间的小型运输船使用。唐城遗址博物馆收藏的这只独木舟出现在河道，说明它就是一艘运输船。独木舟经常和大木船同时被发现，证明了扬州造船业的发达和水运交通的便利。

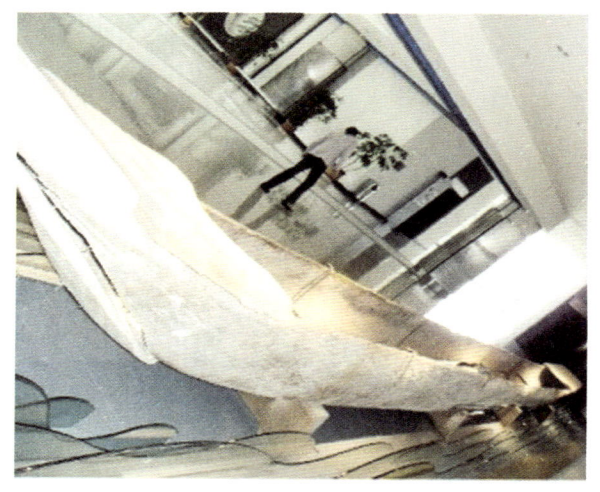

图 2.4.14　竞渡船　扬州双博馆馆藏

扬州的造船业历史悠久，早在汉代就已经有了官办的造船工厂。到了唐代，扬州的造船业更加发达。仅 766 年到 779 年，只有十几年的工夫，扬州管辖的扬子县就出现了 10 个大型的造船工场，生产出 2000 多艘大大小小的船只。每天，成千上万石粮食在扬州的运河码头上船，再经过大运河，运进大唐的中枢——都城长安，供给那里的官员和百姓。发达的造船业，便捷的水利交通，造就了唐代扬州城的繁荣昌盛。

三彩胡人头像陶埙
年　　代：唐代
发掘地点：大唐西市遗址
现藏地点：大唐西市博物馆

身世揭秘：大唐西市遗址出土的这两件唐代三彩陶埙（图2.4.15），现藏于大唐西市博物馆。两件大小相似，高3.5厘米，宽3.6厘米，都是用陶土烧制成的。埙的外部呈现出阿拉伯人头部的形状，内部是空心的，在人的头顶和两颊处各有三个小孔。它们是埙的吹孔和音孔。其中一个人披发，深目高鼻，颧骨较为突出，面部涂有以绿釉为主的三彩釉色；另外一个人双目圆睁，鼻梁矮小，脸部也涂有三彩釉色，呈现出斑斓的色彩。除了面部，陶埙的其他地方都没有釉色。

图 2.4.15　陶埙

埙是中国古代最古老的吹奏乐器之一，起源于一种叫作"石流星"的狩猎工具，用来诱捕猎物。我们的祖先发现这种工具抡起来后，在风力的作用下，能发出悦耳的声音。后来他们就拿来吹奏，石流星也就慢慢地演变成了乐器——埙。埙的形状多为圆形或椭圆形，底部呈平面，大小如鹅蛋，多孔，最为常见的是六孔埙，顶端有吹孔。

这两件三彩陶埙以阿拉伯人的头像作为题材，形象逼真，惟妙惟肖，由此可以断定大唐西市是一个阿拉伯商人云集、国际贸易蓬勃发展的中心；同时，西市也是一个文化高度繁荣、轻歌曼舞的地方——那里不仅盛行中国传统的民族舞乐，中亚地区的舞乐也得到了发展。

第三章
探寻千年陵墓的秘密

不知道万历皇帝造了多少件酒器,只知道金的、银的、玉的,他死后一共带走了50多件。看来,享尽人间美酒的他,还要用这些酒具继续享用地下的美酒。

国宝传奇

在我国古代,能把酒喝出特色,喝出文化的帝王大有人在,单单说一说这位明代的万历皇帝朱翊钧(图3.1.1)吧。朱翊钧喜欢琼浆玉液,更喜欢工艺精湛的酒具。他一边喝酒,一边把玩,这是多么享受的一件事啊!

图 3.1.1　万历皇帝画像

这件带托金酒注(图 3.1.2)是万历皇帝生前最喜欢的酒具之一。它直口、粗颈、方腹,有圆筒形的高圈足。金酒注高 21.8 厘米,口径 4.4 厘米,底径 4.9 厘米,底部还有一个高 1.9 厘米,直径 8.3 厘米的盘托。

整个酒注造型新颖别致,气度端庄华丽,不但镶嵌玉雕盘龙,还有多颗大小不一的红、蓝宝石以

图 3.1.2 带托金酒注

及精雕细琢的各类纹饰,尽显皇家风范。酒注的制作流程复杂,工艺精湛,堪称明代金器中的代表作。同时,它也算得上是中国历代金器中的上上品了。

有这样一件珍贵的酒具,就足够万历皇帝炫耀了吧?答案是否定的,因为皇帝永远没有满足的时候,这样的酒具得有一对。有了这对倒酒的酒注,还得有酒杯和酒盏。于是,万历皇帝就命工匠们造,而且造出来的酒具既要造型新颖,又要华丽和

富贵。于是,几套精美的酒具如金托金爵杯(图 3.1.3)、金托玉爵杯(图 3.1.4)、鎏(liú)金银托盘双耳玉杯(图 3.1.5)和金盏(图 3.1.6)陆续问世了。反正皇宫里有数不尽的金银和玉料,工匠们哪,你们就发挥想象,尽情创造吧!

> 金樽清酒斗十千,
> 玉盘珍馐直万钱。
> 皇家生活实在是太奢侈了!

图 3.1.3　金托金爵杯

图 3.1.4　金托玉爵杯

图 3.1.5　鎏金银托盘双耳玉杯

图 3.1.6　金盏

　　这些酒器是万历皇帝沉湎酒色的见证。万历皇帝一生嗜酒,他从小就开始在太监们的诱导下喝酒了。小皇帝因为喝酒,还闹出过几件荒唐事,差点儿被他的母亲李太后废黜。亲政之后,大权独揽,没有了顾忌,他就开始无节制地饮酒。除了纵酒,他还好色、贪财、容易发怒。正当年富力强的时候,他发病的频率却越来越高,经常头昏眼花。

　　一位名叫雒(luò)于仁的大臣给万历皇帝上了一份奏折,明确指出他的病根,是因为纵情于"酒、色、财、气"。奏折一上,皇帝大怒,非要严办雒于仁不可。后来,在群臣的劝解下,事情以雒于仁被罢官收场。对于雒于仁来说,被罢官算是幸运的。为劝诫皇帝戒酒,还有许多官员把脑袋给丢了呢!

　　不知道万历皇帝造了多少件酒器,只知道金的、银的、玉的,他死后一共带走了 50 多件。看来,享尽了人间美酒的他,还要用这些器具继续享用地下的美酒。

　　古人有一种"事死如生"的观念,认为人死后可以继续享受人间的物质和精神财富,所以死者要随葬生前的东西,后人对待死者也要像他们活着的时候。皇家更是如此,所以当帝王走到生命尽头的时候,都要把生前最喜欢的东西带到坟墓中,能带走多少就带走多少。同时,奴仆、妻子儿女、文臣武将,死后也会和他在地下相会,所以帝王在陵寝旁为他们设置了陪葬的墓地。陵寝、随葬品和陪葬墓,组成了帝王们的地下世界。

繁华遗迹

王朝的霸气——殷墟王陵遗址

它是这个样子的——

　　金碧辉煌的埃及金字塔,是游客们向往的圣地。在全世界考古专家的眼中,中国也有一处与之相媲美的地方,那就是河

南安阳的殷墟王陵（图3.2.1）。它与殷墟宫殿宗庙遗址、洹（huán）北商城遗址隔河相望，共同组成了著名的世界文化遗产——殷墟遗址。

图3.2.1　殷墟遗址

在面积约30平方千米的殷墟王陵遗址范围内，埋葬着盘庚迁殷之后的历代商王。经过几代考古工作者的努力，有13座王陵被发现并发掘（图3.2.2）。除一座空墓（M1567）外，其余墓中都出土了精美的玉器、青铜器、甲胄（zhòu）和石器等随葬品。那座只有墓室而没有墓道的空墓，墓主人究竟是谁？

仔细观察，它们的形状有什么相似之处吗？

图3.2.2　殷墟王陵大墓鸟瞰图

他就是商王国的末代君王——纣王。这座墓本是为纣王所修筑，只是由于周武王伐商，纣王鹿台自焚而死，所以没有葬入此地。

历史谜团

在我国古代，帝陵和贵族墓都有墓道。墓道越多，等级越高，四条墓道是最高等级，只有王才能享用。殷墟王陵内，共有八座墓使用了这种规格的墓室。

在一座编号 M1001 的大墓里，静静地躺着贤王武丁。当时，商王朝刚刚从一百多年的混乱局面中走出来，国力衰弱，诸侯离心。这位雄才大略的君主，在其统治的 59 年时间里，任用傅说、甘盘等贤臣，征伐四方，开创了被后世史学家誉为"武丁中兴"的盛世局面。

披坚执锐的女英雄！

图 3.2.3　妇好塑像

他的妻子是中国第一位女将军妇好（图 3.2.3），妇好经常指挥军队，东征西讨。死后，她被武丁葬在了处理政务的王宫旁边。时至今日，民间还流传着"妇好上阵杀敌"和"傅说举于版筑之间"的故事。

史海钩沉

商人崇尚鬼神，他们无时无刻不在举行祭祀和占卜的活动。在祭祀时，会有一些人被杀掉，和牛羊猪等牲畜一起，供奉给祖先或神灵。为了侍奉死后的王公贵族，他们的陪臣、妻妾、侍卫和亲信，或者做仆役的奴隶也都要殉葬。所以，祭祀坑遍布于王陵遗址的各个角落，也就不足为怪了。现在这些祭祀坑早已被回填，工作人员在遗址旁边建起了一座祭祀坑展览馆（图 3.2.4），为我们再现了当时的情景。祭祀坑里白骨累累，既有动物的遗骨，也有人的遗骸（图 3.2.5）。这些遗骸告诉我们，大部分人是被砍杀的，而且多为青壮年，也不乏女性和未成年的儿童。

如今，文明与野蛮，血腥和杀戮，一同在历史的烟云中消散了。只有贤王与名臣、夫妻同心的故事，流传千古。

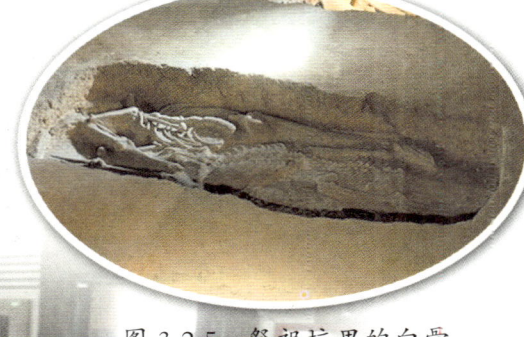

图 3.2.5　祭祀坑里的白骨

图 3.2.4　祭祀坑大厅

浩大的地下王国——秦始皇帝陵博物院

它是这个样子的

"刑徒七十万,起土骊山隈",这是一项什么样的工程,需要动用 70 万的劳动力? 熟知中国历史的人们都会把它和秦始皇(图 3.2.6)联系在一起。想当年,秦王嬴政扫灭六国,一统天下,万里江山尽在一人手中,这是何等的英雄气概。死了,他还要在地下享受这一切。

早在 13 岁继承秦国王位之时,嬴政就开始在骊山脚下筹划修建自己的王陵了。天下统一后,全国 70 多万刑徒为他营建了更大规模的帝陵。这座陵墓一直挖到地下的水层,并用铜加固基座。地

图 3.2.6　秦始皇画像

宫里面布满了奇珍异宝，遍设带有利箭弓弩的机关装置，还注满了水银，象征江河湖海。地宫内用鱼油燃灯，灯火通明。地宫顶部镶着象征日月星辰的夜明珠，地面山川形胜，俨然一个地下王朝。

秦始皇的陵园布局（图3.2.7）可以说是秦都城咸阳的翻版。高大的封土、地下的幽宫，象征着咸阳宫，内城代表的是皇城，外城代表的是整个咸阳城。至于咸阳城里供游猎的苑囿（yòu），饲养骏马的厩苑，军用的武库以及供皇室娱乐的百戏、珍禽异兽（图3.2.8）也都在陵园里一一呈现。

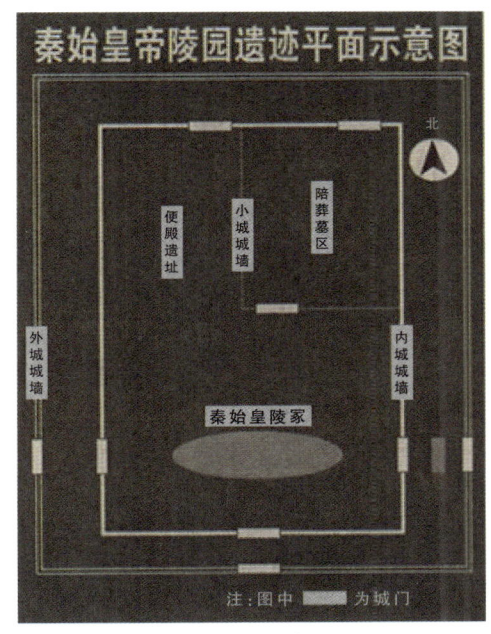

图3.2.7 秦始皇帝陵布局图

小贴士：封土，古代墓葬中，用土堆出高于地面的大土丘。

图3.2.8 青铜天鹅

陵墓里的排兵布阵

当年,秦始皇凭借着秦军这支"虎狼之师",横扫六国,平定岭南,北却匈奴七百余里,打出了万里江山。在秦始皇兵马俑博物馆的展厅里(图3.2.9—图3.2.10),一个个鲜活的兵俑形象仿佛把我们带到了那个金戈铁马的时代。

这里有久经沙场的将军,也有初上战场的青年。身高1.96米的将军,巍然直立,双目炯炯有神,表露出一种坚毅威武的神情;一个武士,头微微抬起,两眼直视前方,意气风发;还有一个车士,身披铠甲,右手执长矛,左手驾车,沉稳中透出一股刚毅之气。

图3.2.9 兵马俑展厅一角

图 3.2.10　步兵俑

陵墓里的行政机关

　　武力建国后,怎样才能有效地管理这个国家？当年的秦始皇在中央设立了三公:丞相,辅助皇帝处理天下的庶务;太尉,掌管天下的军事;御史大夫,负责监察百官。此外,秦代还有九卿分别负责具体的行政事务。在秦始皇的地下王朝里,怎么能缺少类似的政府机构和官员呢?看,他(图 3.2.11)就是负责帝国司法建设和监狱管理的廷尉,而他的脚下就是地下世界里的廷尉府。

陵墓里的娱乐生活

秦国尚武,上至君王,下至百姓,都崇尚武力,所以,不管是在统一前,还是统一以后,宫廷常常会举行扛(gāng)鼎、角力一类的活动,不时还伴有寻橦(tóng)、旋盘等项目。所有的展示,统称为"百戏"。秦始皇死后,

图 3.2.11 文吏俑

也把这些"娱乐活动"带进了他的地下王国。看,有位演员登场了,他上体裸露,下着彩色短裙,正摆出旋盘的姿势(图 3.2.12)。

> 小贴士:寻橦,百戏之一,一般为一人以头顶长竿,另一至三人缘竿而上,进行表演。

从封土到幽宫，从兵马俑到百戏俑，这些无不显示出秦始皇帝陵工程之浩大。这项浩大的工程，到底有多大呢？56.25平方千米——相当于78个故宫的面积。在这座帝陵中，还发生了哪些传奇的事情呢？一切，只能留待皇陵全部开启的那一刻了。

图 3.2.12　旋盘俑（局部）

（气泡：我可以用一根手指旋转盘子哟！）

大唐盛世的见证——昭陵博物馆

它是这个样子的——

在陕西省咸阳市礼泉县的东北角，有一座九嵕（zōng）山。此山山势雄胜，虎踞渭北，气掩关中，开创了"贞观之治"盛世局面的大唐第二代皇帝——唐太宗李世民（图 3.2.13）就长眠在这里。

少年英发，李世民表现出了非凡的军事才能，雁门关前，智退数十万突厥大军。19岁那年，他和父兄举起了反隋的大旗,缔造了大唐王朝。随后,他又逐一荡平群雄,一统天下。登基之后,他推行宽政,和睦邻族,大唐帝国名扬海内外。大唐昭陵(图3.2.14),注定不是一座普通的帝王陵墓,而是一位帝王赫赫功业的展示。

图 3.2.13　唐太宗画像

图 3.2.14　昭陵博物馆正门

史海钩沉

唐王朝初建时,还仅仅局限于关中和太原一带,其他地区还是割据势力的天下。当时担任天策上将的秦王李世民执掌兵符,开始了东征西讨、统一天下的历程。九年间,李世民骑"拳毛䯄(guā)""什伐赤""白蹄乌""特勒骠(biāo)""青骓(zhuī)"和"飒(sà)露紫",臂挎巨阙天弓,驰骋沙场,最终完成

图 3.2.15　白蹄乌　西安碑林博物馆馆藏

了统一大业。

为了纪念这六匹非死即伤的战马,李世民命令阎立德和阎立本两兄弟,把它们的形象雕刻成浮雕(图 3.2.15—图 3.2.16),放置在陵园祭坛的两侧。可惜的是,这六尊浮雕现在已散落各处。"飒露紫"和"拳毛䯄"于1914年被打碎装箱盗运到美国,现藏于美国的宾夕法尼亚大学博物馆。其余四块也曾被打碎装箱,幸亏在盗运时被截获,现陈

我是一匹奔腾的战马!

图 3.2.16　青骓　西安碑林博物馆馆藏

列在西安碑林博物馆里。如今,放置在陵园里的六件复制品(图 3.2.17),还在向游人们诉说着当年太宗皇帝横扫群雄的丰功伟绩。

图 3.2.17 拳毛䯄(复制品) 昭陵博物馆馆藏

纪念的镌刻——

公元 643 年,太宗还命阎立本在凌烟阁内描绘出了二十四位功臣的画像,即《二十四功臣图》,借以怀念当初一同打天下的诸多功臣。武将有李靖、尉迟敬德、秦琼、程咬金等,文官有房玄龄、杜如晦、长孙无忌、魏徵等人。这些功臣生前为李世民出谋划策,协助他平定和治理天下,死后又被皇帝赐葬在了昭陵之内,陪伴在君王的左右。

如今,那些昭示功臣事迹的碑文和墓志铭(图 3.2.18)静立在昭陵博物馆的陈列室里,诉说着太宗皇帝知人善任的宽阔胸怀和融洽的君臣关系。

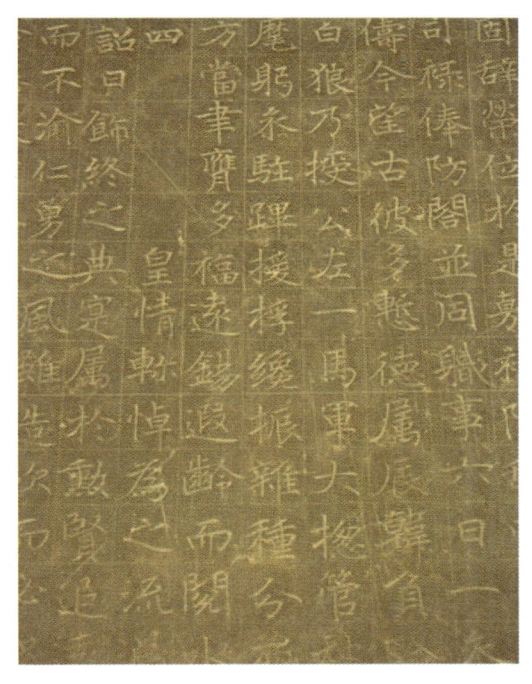

图 3.2.18　尉迟敬德墓志铭(局部)

同时,太宗的妃嫔、儿女和其他名臣宿将也都葬在了陵园之内,连同二十四功臣在内,昭陵陵园内共有 185 座陪葬墓。

太宗在位期间,与其他民族保持了友好的关系,被周边的少数民族首领亲切地尊为"天可汗"。据说,当时周边有 44 个部族首领接受了唐王朝的册封,唐政府在这些地区设立了类似于内地行政级别的羁縻(jī mí)府州和其他机构。立于昭陵司马门内的 14 国君长石刻像,就是贞观时期各民族大团结、唐代开拓西域和邻邦关系的友好见证。这 14 国君长中,有大家熟知的突厥可汗——颉利,娶了大唐文成公主的吐蕃赞普——松赞干布,还有西域于阗(tián)国国王伏阇(dū)信,朝鲜半岛的新罗国王金真德等。如今,岁月的侵蚀与破坏,已使许多石像或灰飞烟灭,或仅存像座(图 3.2.19)。

图 3.2.19 于阗国国王伏阇信像的像座及拓片

太宗的伟业、昭陵的雄姿,也成就了一首杜甫的名诗——

重经昭陵

草昧英雄起,讴歌历数归。

风尘三尺剑,社稷一戎衣。

翼亮贞文德,丕承戢武威。

圣图天广大,宗祀日光辉。

陵寝盘空曲,熊罴守翠微。

再窥松柏路,还见五云飞。

看尽世事浮沉——北京定陵博物馆

历史谜团

想必大家都知道，在北京郊外有一处著名的皇家陵园——十三陵。20世纪50年代中期，学界曾试图揭开这片地下皇家陵园的神秘面纱，但最终，只有一座陵墓——定陵的地宫（图3.2.20）被成功打开，成为迄今为止唯一一个被中国考古学家有计划地进行挖掘的皇陵。它的主人就是万历皇帝——明代在位时间最长的皇帝。与此同时，他也是一位神秘的皇帝，在富丽堂皇的紫禁城里竟然度过了30年与世隔绝、不理朝政的生活。

图3.2.20 定陵博物馆

在君临天下48年后,万历皇帝平静地离世。当考古人员揭开灵柩时,这位奇主的躯体已经腐烂,空剩骸髅,唯有头发保存尚好,甚至嘴角还残留几缕胡须。万历皇帝身穿龙袍,腰束玉带,足蹬长靴,两腿长短略有差异,可能生前有残疾。最令人称奇的是他的葬式(图3.2.21)——仰面朝天,右手却扶着自己的面额,不知是何缘故,只有留给后人去遐想了。

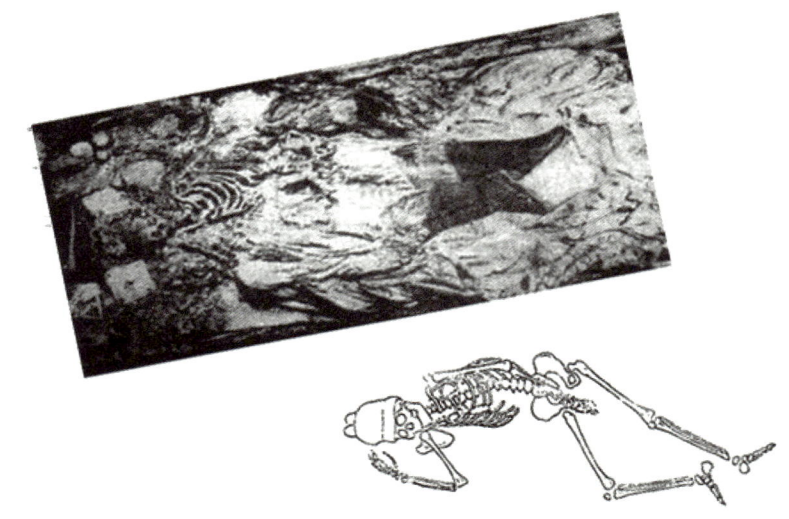

图3.2.21 万历皇帝葬式

它是这个样子的

定陵的地宫里,原来放置着三副楠木棺椁,里面存放着万历皇帝和孝端、孝靖两位皇后的尸骨。万历皇帝生前最宠爱的郑贵妃,因为不是皇后,未能陪葬在万历皇帝身边,这也许是万历皇帝最大的遗憾了吧。令人惋惜的是,"文革"的时候,三座棺椁内的尸骨被红卫兵付之一炬,而棺椁被扔进了大山之中没了踪影。所以,现在地宫里摆放的三只最高的木椁(图3.2.22),和放在里面的帝、后尸骨,都是仿制复原的。

定陵出土了300多件文物,除少量是用于祭祀的礼器外,绝大多数都是万历和两位皇后生前的生活用品,如金银器、瓷器、玉器、珠宝、衮(gǔn)服、冕旒(liú)和百子衣等。

3.2.22 定陵地宫棺椁和木箱(仿制品)

> 小贴士:衮服,是皇帝在祭祀等场合穿的礼服。
>
> 冕旒,是帝王和百官参加重大祭祀典礼时所戴的礼帽。

金丝翼善冠（图 3.2.23）为万历皇帝生前佩戴之冠，精美至极。它用金丝编织而成，孔眼匀称又丝毫不透接头，冠上有堆垒的二龙戏珠图案，尤其是龙的造型生动有力，气势雄浑。可以想见，它曾伴万历皇帝参加过多少次隆重的仪式，见证了他从雄心壮志到暮气沉沉的漫漫帝王生涯。

图 3.2.23　金丝翼善冠

凤冠为皇后所佩戴，共有四顶，每一顶都是用百块宝石、三五千颗珍珠

图 3.2.24　凤冠

制成的。工艺精致无双，风格雍容华贵。其中一顶（图 3.2.24）为孝端皇后所佩戴，构图为三龙两凤，一龙口衔珠宝，珠宝硕大晶莹，世所罕见，左右两龙各衔长串珠结。凤口衔珠滴，凤上

满饰翠云,翠云是用翠鸟的羽毛黏结而成的。冠的里面是用漆竹丝做的圆锥,边缘镶着金质口圈。

看着定陵出土的这些金灿灿的金锭和白花花的银锭(图3.2.25),你也许马上会联想到万历皇帝很贪财。为了敛财,万历皇帝下令地方官吏要定期向他进贡,还把进贡钱财的多少作为考核官员政绩的主要标准。不仅如此,他还豢养了许多宦官到各地去横征暴敛,大肆搜刮民脂民膏。甚至老百姓养一只鸡,也要向皇帝缴纳税金。万历皇帝搜刮了这么多钱却舍不得花,全都囤积在自己的小金库里。令人称奇的是,边境四处发生战事,朝臣们苦苦相求,他才拿出一点儿无济于事的小零头,然而银子竟然因为窖藏太久已经变黑了。

图 3.2.25　金银锭　定陵出土

在世时，万历皇帝是个"金钱控"。死后，这些银子也被搬到陵寝，他还要继续做"金钱控"。

有这样的皇帝，明王朝焉能不亡，万历皇帝身后是一个民生凋敝的国家。他去世不到二十四年，李闯王就攻破了明王朝的首都——北京，崇祯皇帝吊死煤山，明王朝也就灭亡了。

穿越时空

中国是最早使用车的国家之一，早在 4600 多年前的黄帝时代就已经创造出来了。夏代设置了"车正"一职，专门负责车辆管理和公共道路维修。但这只是传说，因为还没有实物来证明它的真实性。那么我们现在所能看到的最早的车是什么时候的呢？答案是商代。

现在我们就一起去殷墟王陵遗址车马坑陈列馆（图3.3.1），再次穿越时空，去看看商代的车吧。

商代的车子都是木质结构的，主要由舆（yú）、轴、轮、辕、衡、辀（zhōu）和轭（è）等几部分构成。为了美观，马和车上还有青铜制成的装饰构件（图3.3.2）。由于深埋地下，年深岁久，考古人员发现它们时，木质部分已全部腐朽，仅存遗痕和青铜构件了。根据泥土中保留下来的车子轮廓，考古工作者成功剥剔和清理了它们。经过复原，3000多年前的车子终于重新展现在

图 3.3.1　车马坑陈列馆

图 3.3.2　商代马车结构和青铜饰件的位置

人们的面前(图 3.3.3—图 3.3.4)。

  3000 多年前,每当春意盎然或秋高气爽的时候,商王就会乘车去各地巡视。是选用两匹马还是四匹马驾车呢?驭手们全听主人的安排。大大小小的臣工和诸侯们,每年也要乘车去封地,或检查工作,或查看收成。为了出行方便,他们把道路修得很宽,道路中间可以同时并行两辆马车。出行的时候,车子的碾压声、马蹄声和马头上的铃铛声,交织成了一支悦耳的田园

图 3.3.3　马车复原模型

3000 多年前的车子是这样的!

图 3.3.4　展览大厅

交响曲。而当边疆危急的烽火传到都城时,商王和他的贵族们即刻换上戎装,登上兵车,开赴前线,指挥千军万马驰骋沙场。这时候,战争交响曲就该奏响了。

商王和贵族还未离世就开始建造陵墓,把心爱之物都放在里面。铜器、玉器小,可以随处放置。马车太占地方了,这可怎么安置呢?他们想到了两种方法:要么把车拆开,把马匹和零件分散在墓穴的各个地方;要么在陵墓的旁边挖一个坑,这样连马带车,还有驭手(图 3.3.5—图 3.3.6),就都齐全了,省得灵魂出游时,还得把马车重新组装起来。坑还可以挖得大一些,这样就可以多放几辆马车。

图 3.3.5　马车(正面)

图 3.3.6　马车(背面)

有了这两种方法,商王和他的贵族们成功安置了六十多辆车、几百匹马和几十个熟练的驭手。当它们重见天日的时候,几千年已经过去了。

国宝档案

兽祭坑
年　　代：商代中晚期
发掘地点：殷墟王陵遗址

密

遗址揭秘：商代的统治者非常重视祭祀活动，尤其是对祖先的祭祀。有时单独祭祀一位祖先，有时几位祖先一起祭拜。后来，这些祭祀祖先的活动逐渐汇集成一套规范的制度。每到特定的祭日，商王就会祭奠相应的祖先。这样，一个轮回下来，需要三百六十天或者更长的时间（三百七十天），历史学家们把它叫作"周祭制度"。

每次祭祀，商王都会动用几十个，甚至千余个"牺牲"。牺牲的用法也多种多样，如火烧、沉河、对剖、肢解、剥皮、活埋、断首、水煮、曝晒等等。殷墟王陵里分布着的这些祭祀坑，就是当年商王祭祀祖先时留下来的（图3.4.1）。为了保护遗址，陵区采取了地下封存、原址展示的方法，而以下情景都是当年考古发掘现场的情形。

图 3.4.1　兽祭坑遗址

小贴士：牺牲，古代为祭祀而宰杀的牲畜。

不要啊！我不会游泳！

祭祀坑里埋葬了马、牛、羊、犬、象、猪、狐等多种动物，有的坑里只埋一只动物，有的坑里埋了好几只同类动物，也有的坑里埋了几种动物。根据动物的遗骸来统计，马最多（图3.4.2），有117匹。兽祭坑的象骨，证实了3000多年前的安阳周边是一个气候温暖湿润、林草茂密的地区，这一情况已经通过甲骨文得到了考古学界的证实。河南简称"豫"，与大象出没于当时的河南丛林有密切的关系。

图 3.4.2　马骨

秦陵2号铜车马
年　　代：秦代
发掘时间：1978年
发掘地点：西安秦始皇帝陵遗址

身世揭秘：这件2号铜车马（图3.4.3）和另一件1号铜车马（图3.4.4）同时出土于秦始皇陵的一处陪葬坑内。出土时，两件铜车马均已破碎，经过修复完好如初。

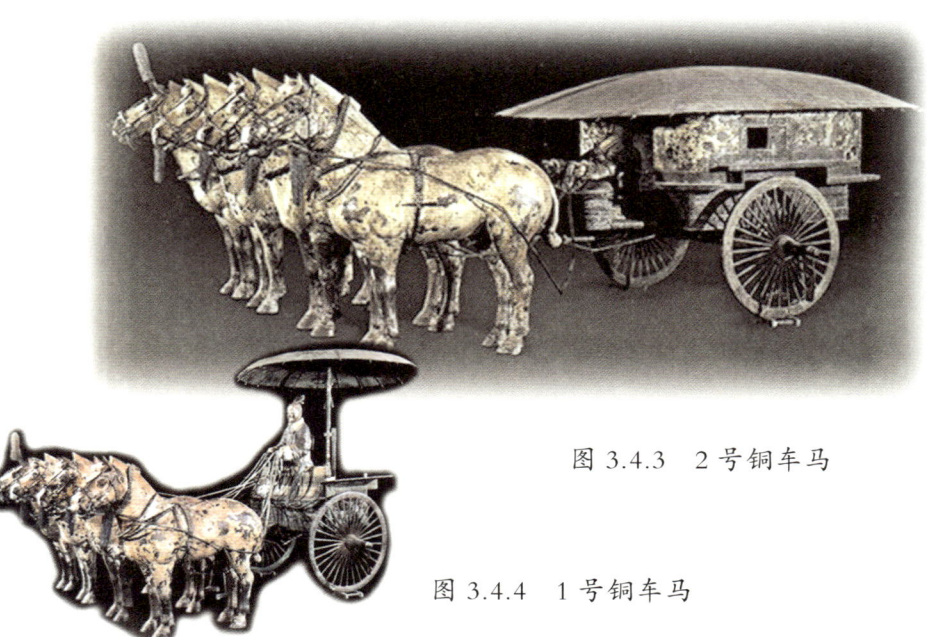

图3.4.3　2号铜车马

图3.4.4　1号铜车马

这件2号铜车马为单辕双轮车，由四匹马拉，车舆分前后。车的平面呈现凸字形，突出部分就是驭手所坐的地方。驭手为跽(jì)坐姿态，两臂前举，双手执辔(pèi)，每个手指的关节、指甲都被塑得非常逼真，他的身体前倾，双目注视前方，半抿双唇，面带微笑，神态恭谨，然而恭敬中又有一丝得意，真实展现出高级奴仆的形象(图3.4.5)。

车室的后面有门，左、右与正前方有三个窗户。正前方的窗板为镂空的菱形花纹，窗板可以开启，便于主人与驭手互通信息。车篷用铜骨架支撑，上面覆盖一层绢帛。四匹马神态各异，中间的两匹马昂首正视前方，两侧的马略侧视，张大鼻翼做喘息状。

铜车的制作工艺十分繁杂和精细，运用了铸造、焊接、镶嵌以及子母扣、纽环扣、销钉连接等各种工艺。车、马通体彩绘，图案花纹风格朴素、明快大方，以

图3.4.5　2号铜车马上的驭手

白色为基调的彩绘肃穆典雅,配以大量的金银构件,更加显示出华贵和富丽。制作者在对马的处理上尤为精细:先把不同部位的马毛进行锉磨,然后涂上颜色,从而再现了真实的皮毛感。

1号铜车马为护卫的武士所乘坐,2号铜车马属于后妃一类人的乘车。两车仅仅是秦始皇车队中的一部分。史书记载,秦始皇出游时有81驾陪车。如果陪车的盛况都像铜车马这样豪华,那么他本人乘坐的"金根车"一定更加豪华和气派啦!

仪卫图
年　　代:唐代
发掘时间:1986年
发掘地点:昭陵遗址长乐公主墓

身世揭秘:仪卫是仪仗和卫士的合称,是唐代贵族身份和地位的象征,同时也是唐墓壁画最常见的题材。唐太宗第五个女儿——长乐公主李丽质的墓中有两幅仪卫图,一前一后,绘制在墓道的东侧。

前一幅是《袍服仪卫图》(图3.4.6),高265厘米,宽356厘米。画面中有8个人,皆头戴黑色的幞(fú)头,穿着白色的圆领窄袖长袍,束着黑色的腰带,外衣为淡青色的系领敞襟短袖风比比看,找不同!

图 3.4.6 《袍服仪卫图》

衣,脚穿长筒的尖头黑靴。他们个个浓眉大眼,身材魁伟。

后一幅是《甲胄仪卫图》(图 3.4.7),高 265 厘米,宽 408 厘米。画面中共有 6 人,皆头戴头盔,穿着毛皮甲袍,束着腰带,脚上也穿着长筒的尖头黑靴。

图 3.4.7 《甲胄仪卫图》

这两幅图前后相接,一文一武,真实地反映了当时的仪卫场面。壁画中的14个人物,虽然都是溜肩细腰,但个个须发铮铮,传达着一种气吞山河的精神气概,而这种气概最能表达贞观年间的尚武精神和蓬勃向上的社会风貌。

阿史那忠墓碑
年　　代:唐高宗时期
发掘地点:昭陵遗址阿史那忠墓

身世揭秘:阿史那忠墓碑陈列在昭陵博物馆碑刻陈列室(图3.4.8)。碑首雕刻着螭龙,碑身宽118厘米,厚34厘米,碑额用篆书写着"大唐故右骁卫大将军薛国贞公阿史那府君之碑"20个大字。碑身为33行楷

图3.4.8 阿史那忠墓碑

书(图 3.4.9),记载着墓碑主人的生平事迹。

通过碑文,我们知道这座墓碑的主人名叫阿史那忠,他的身份非常尊贵。碑首雕刻着螭龙,证明他的品级最低也是五品。从"阿史那"这个姓氏来看,他应该是北方突厥可汗家族的成员。

图 3.4.9　阿史那忠墓碑上的碑文

据史书记载,阿史那忠还有以下几个身份:突厥颉利可汗的堂兄弟,唐代的皇亲国戚(太宗贵妃韦珪的女婿),唐太宗倚重的 15 位少数民族将领之一。

阿史那忠立下了赫赫战功:唐太宗时期,唐军讨伐东突

厥，颉利可汗兵败逃至阿史那苏尼失的领地，被阿史那忠擒获，并献给了唐王朝，北方边境由此恢复安定。此后，阿史那忠就留在了唐太宗的身边。西域小国焉耆、处月、处密背叛大唐，他协助当时的西域主管——安西都护郭孝恪(kè)平定了三国的叛乱，并圆满地完成了西域的善后工作。唐高宗即位之后，他又率军北征薛延陀，东讨契丹，西伐吐蕃，开疆拓土。正因如此，阿史那忠死后，和秦琼、尉迟敬德、程咬金等秦王府的旧部一样，被赐葬在了昭陵。这样，君臣就可以生死与共了。

金龙百子衣
年　　代：明代后期
发掘时间：1957年
发掘地点：北京明十三陵定陵地宫

身世揭秘：金龙百子衣是一件极其精美的刺绣珍品，方领，对开襟，出土于定陵地宫孝靖皇后的随葬品箱子里。出土时，它已经残破（图3.4.10），但刺绣工人根据图样又成功复制出一件，大家由此可以一饱眼福（图3.4.11）。

整件刺绣以百子图为主，共由40组图案组成，每组画面上的童子人数1至6个不等。每个场面儿童的嬉戏方式和神情各不相同,有的斗蟋蟀、戏金鱼,有的练武、摔跤、踢毽子,有的爬树摘果,有的站凳采桃,有的蹴鞠,有的放风筝、玩陀螺,有的放爆竹、捉迷藏,有的扮作教书先生处罚弟子,有的学武松打虎的姿态揪打花猫(图3.4.12)……儿童天真活泼的神态被刻画得惟妙惟肖、淋漓尽致。

图 3.4.10 金龙百子衣

图 3.4.11 金龙百子衣(复制品)

图 3.4.12 金龙百子衣(复制品 局部)

　　刺绣的前后襟和两袖之间有9条用金线绣成的龙,9条龙姿态各异,或腾空,或行云,变化多端。百子图案之间,点缀着象征吉祥如意的金锭、银锭、古钱、宝珠、犀角、珊瑚、如意等多宝图案,还有桃花、月季、牡丹、荷花、菊花、梅花等花卉组成的春、夏、秋、冬四季场景,整个图案寓意着皇家子孙万代、多福多寿、绵延不绝。

　　衣料的配色也是匠心独运:整体色调以红、黄、蓝、绿和白五种为主,在朱红色的底色上配合枣红、水红、粉红、普蓝、藏青等将近20个不同色调,因而有光彩夺目的艺术效果。

　　这件刺绣还是一次针法的大展示,穿丝针、抢针、网绣等十余种针法轮番出现,令人叹为观止。

第四章
古族的神秘传说

谁也不会想到,这种青铜造型竟然印证了那个数千年的传说,而且还引发了蚕丛和鱼凫两代君王到底谁在前谁在后的争论。

国宝传奇

中国有位家喻户晓的诗人——李白,他有一首千古绝唱——《蜀道难》(图 4.1.1),诗里有这么几句话:"蚕丛及鱼凫(fú),开国何茫然。"不仅是李白,在许多古人的文章里,也都记录着这样一条信息:蚕丛和鱼凫是远古时期四川地区的两位君王。

1986 年,在三星堆遗址 2 号祭祀坑进行发掘的时候,考古

图 4.1.1 李白《蜀道难》

工作者发现了一种造型奇特而充满神秘气息的青铜面具。当时谁也不会想到,这种青铜造型竟然印证了那个数千年的传说,而且还引发了蚕丛和鱼凫两代君王到底谁在前谁在后的争论。那么,这到底是怎么回事呢?

这件铜纵目面具(图 4.1.2)有"千里眼"和"顺风耳"的美

图 4.1.2 铜纵目面具

图 4.1.3　2 号祭祀坑

图 4.1.4　铜戴冠纵目面具

誉,已经有 3000 多年的历史了。此外,在同一个祭祀坑(图 4.1.3)里还有其他纵目面具(图 4.1.4),比这件小,而且在形象上略有差异。如图显示的这件面具额部铸有数十厘米高的精美额饰,双耳的姿势基本平直。

根据古书的记载,蚕丛应是古蜀国中最早的王,书中说他的眼睛很长。那么祭祀坑中出土的这几件纵目人面像,很有可能就是根据蚕丛的形象塑造出来的。可是,问题随之而来。考古工作者在三星堆遗址中还发掘了另一座祭祀坑(编为 1 号祭祀坑),出土了上面刻有鱼、鸟、箭组合图案的金杖,这种图案应是暗合了古蜀国的另一位君王——鱼凫（图4.1.5）的形象。专家综合各种因素断定，1号坑比2号坑至少要早数十年，这与史书的记载是矛盾的。那么蚕丛究竟是不是古蜀国最早的王？如果是，为什么在1号坑中没出现蚕丛形象的实物？看来，最早的蜀王究竟是鱼凫还是蚕丛，还有待更多的资料来证实。

图4.1.5　鱼凫雕像

关于这件奇特的面具，文物专家们还有其他见解：有的认为它是兽面具，有的认为面具左右伸展的大耳是杜鹃的翅膀，

其形象应是古史传说中死后魂化为杜鹃的第四代蜀王杜宇，还有的认为它是太阳神形象，等等。

直到现在，这件面具到底蕴含着什么样的含义，还是没人说得清，但可以这样认为：它既非单纯的"人面像"，也不是纯粹的"兽面具"，而是一种人神同形、人神合一的意象造型，巨大的体量、极为夸张的眼睛与耳朵都是为了强化其神性，它应该是古蜀人的祖先神造像。

总之，这些纵目面具的出现，表明了在3000多年以前，四川地区的远古民族已经创造了高度发达的文明，和其他地区的远古文明共同构成了中华文明多元化的渊源。

中华五千年的文明史，是汉族以及各少数民族共同创造的。在中国历史上，不知道有多少已经消失的民族。他们的历史究竟该如何书写，或许考古遗址可以帮助我们捡拾起一些片段。

繁华遗迹

神秘的古族文明——三星堆古蜀遗址

文明崛起

5000多年前,一支来自岷江上游的氐羌(dī qiāng)人经过跋山涉水之后,来到了成都平原上的广汉地区。这里纵横交错着河流,随处可见大小沼泽,不仅是各种鱼类的天堂,而且还有自由飞翔的鸟儿。他们靠捕鱼,在这块乐土上站稳了脚跟。同时,通过多年的驯化,他们把一种名叫"蜎"(yuān)的虫变成了家蚕,于是他们又有了自己新的民族名称——蜀。在中国最早的文字甲骨文中,"蜀"看上去像一只大头虫正在吐丝,这就是蜀人得名的由来。

古蜀人逐渐过上了定居的生活,开始建造城池。他们充分利用当地优越的地理位置和自然环境,建造了一座以东、西、

图 4.2.1 水门遗址

> 小贴士：水门，在古代既指水闸，又指临水的城门，图中的水门遗址曾经是用来调节水量的水闸门。

南三面城墙和北侧河流为防御体系的城池(图 4.2.1)。这座城池由一道外郭城(大城)和若干个内城(小城)组成，城市的内外有祭祀区、居住区、作坊区和墓葬区等功能区。

昔日盛景

昔日的城池已经不在，然而通过残留的西城墙和月亮湾城墙(图 4.2.2)，我们依稀可见当年古蜀国高度繁荣、布局严

图 4.2.2 月亮湾城墙遗址

图 4.2.3 三星堆国家考古遗址公园

整的都城气象。这是一座具有鲜明地域特色的古城,气象与二里头、偃师商城迥然不同。如今,这里已经成为三星堆国家考古遗址公园(图 4.2.3)。

古蜀国是一个非常重视祭祀祈神的国家,每到重要的节日,人们都要聚集在一起,举行祭祀活动。他们祭祀的方式有很多,比如,他们把动物的骨头拿来烧制,通过气味传达给"天庭",从而实现人神互通;他们还刻意把玉器、青铜器毁坏,然后埋藏起来,这也是一种祭祀。在三星堆遗址 1 号祭祀坑中,一次就出土了 567 件器物,涉及青铜器、黄金制品、玉器、石器、象牙和海贝等,此外还有 10 件骨器和 3 立方米左右的烧骨碎渣。

古蜀国创造出来的青铜文化,足以和同时代的商王国相媲美。它们以人物、禽、兽、虫、蛇、植物为造型,其中人头像、人面像和人面具代表祖先和神灵,立人像(图 4.2.4)和跪坐的人像则代表的是祈祷者和主持祭祀的人,青铜兽面具是蜀人崇拜的自然神,铜神树(图 4.2.5)是蜀人对植物的原始崇拜。对祖先崇拜和对动植物等自然神灵的崇拜,构成了蜀人最主要的精神世界。

> 我散发着青铜时代的艺术气息。

图 4.2.4　立人像

图 4.2.5　铜神树

在这些人物青铜造像中,有的衣冠楚楚,有的则赤脚或裸露上身,有的跪着,有的被束缚着,有的甚至被"砍""伐"了。这些铜像反映出当时的社会可能有四个等级:一是以"祖宗神""蚕丛"等图腾为代表的偶像,二是能通天达地的上层人物,三是平民,四是用于陪葬或者用于祭祀的人殉。

但正当这个国家向前迈步的时候,它却神秘地消失在了历史的长河之中,时间是在商、周易代之际。它究竟是毁灭于商代还是西周,毁灭的原因又是什么,至今是个难解之谜。有关这个神秘国度的故事,被记忆在了四川省广汉市的三星堆国家考古遗址公园中。也许有一天,这个谜终会被解开!

金戈铁马的印记——集安高句丽遗址

文明崛起

很久以前,在中国的东北地区居住着一个古老的民族——濊貊(wèi mò)族,扶余人就是其中的一支。汉式帝时,他们建立了一个国家,名叫扶余国。没过多久,一位名叫朱蒙的王子就因为和其他王子不和,于公元前37年离家出走,在嫩江和松花江之间落下了脚,并联合当地的族群,建立了一个名叫高句丽的国家,开始了国家建设和领土扩张的历程。

经过几个世纪的发展,高句丽的领土不但扩及我国东北的辽东地区,而且势力还扩展到了朝鲜半岛,与百济、新罗形

成了三个鼎立的政权(图4.2.6)。唐代初年,唐军经两次讨伐打败了高句丽,俘虏了高句丽的末代国王,高句丽王国退出了历史的舞台。亡国后的高句丽人一部分迁入了中国的内地,融合到中国的各民族之中;而另一部分高句丽人定居朝鲜半岛,成为后来的朝鲜、韩国人。

这段尘封的民族记忆被留在了中国吉林省集安市和周边县市的文物古迹之中,成为世界文化遗产。吉林省的集安市从公元3年到427年一直就是高句丽的国都。所以,当地政府决定利用集安市内的高句丽文物古迹,建成高句丽遗址公园(图4.2.7),集中展示这个民族的历史文化。

图4.2.6 鼎盛时期的高句丽王朝

图4.2.7 高句丽遗址公园

昔日盛景

鲜卑族和朱蒙王子的母国——扶余国，是高句丽建国早期的两大劲敌。为了躲避敌人的锋芒，高句丽把都城迁到了现在的集安市一带。借助当地的自然条件，高句丽人开始修筑他们的第二座城池——国内城，发展生产，并逐步积蓄国力。他们利用城西的通沟河、城南的水沟构筑了护城河，用沙石和黄土夯筑城垣，用长方形和正方形石条堆砌内外城墙，形成了一座坚固的土石混筑的都城。

为了拱卫国内城，高句丽人还在都城西北方向修建了尉那岩城和瞭望台（图4.2.8）。尉那岩城后称丸都山城（图4.2.9），东汉末年，国内城被公孙氏攻破，高句丽被迫将国都迁至丸都山城。

图 4.2.8 瞭望台

图 4.2.9 丸都山城部分城墙遗址

丸都山城四周悬崖峭壁,易守难攻,然而坚固的城池还是先后有两次被攻破。244年,曹魏的大将毌(guàn)丘俭摧毁了丸都山城,迫使当时的高句丽王出逃。342年,重新修筑之后的丸都山城又被鲜卑族建立的前燕攻破。

风水轮流转,东晋末年,高句丽的第19代君王——广开土王即位之后,形势开始有利于高句丽。广开土王,又被称为"好太王"。在一次与扶余的战役中,好太王一鼓作气,攻克了扶余国的64座城池,1400个村庄。好太王不但兼并了北部的扶余国和靺鞨(mò hé)部落,还在军事上打败了百济、新罗的联军,而它们都是当时朝鲜半岛上的强国。如今,矗立在高句丽遗址公园内的好太王碑(图4.2.10),记录着这位帝王开疆拓土的赫赫功绩。

图 4.2.10 好太王碑

强大之后的高句丽王国,已经不再局限于辽东这一隅之地,而把矛头指向了朝鲜半岛。427年,后继的高句丽王把国都迁到了平壤,逐鹿朝鲜半岛,直到这个国家最后灭亡。

土家族的百年印记——永顺老司城遗址

文明崛起

宋元明清时期，在我国边境地区分布着大大小小的土司，由中央政府授予他们的首领官职，世袭罔替，使他们世世代代拥有治下的民众、土地和武装。湖南的永顺土司，就是著名的土司之一。今天湖南省永顺县老司城遗址，就是当年永顺土司的统治中心。

宫殿（图4.2.11）、祖师殿（图4.2.12）、城池、摆手堂、演兵场、宗祠以及彭氏家族墓地等遗址显示出的格局，隐约让人感到这座南方"紫禁城"昔日的气势与辉煌，也揭开了古代土家族历史文化的神秘面纱。

图4.2.11　土司皇城宫殿建筑遗存

图4.2.12　祖师殿

910年,土家族人彭瑊(jiān)被任命为溪州刺史,开启了永顺土司的统治时代。939年,彭瑊的继任者——彭士愁率领万

余人马攻打楚国,楚王马希范派大军镇压,彭军惨败,被迫与楚议和结盟,立铜柱(图4.2.13)于野鸡坨。铜柱上镌刻着溪州之战的经过和双方的盟约。

盟约正式确认了彭氏家族在溪州的统治,给土家族人民带来了八百多年的和平。败军之将彭

图4.2.13　溪州铜柱

士愁在政治、经济上获得了极大的权益,而胜利的楚王却做出了退让。这是为什么?是楚王拥有超凡的包容心,还是土家族人拥有聪敏过人的智慧……

如今,立在永顺县王村镇花果山上的那座铜柱,给人们留下了无尽的遐想。

昔日盛景

和其他民族一样,土家族对祭祀祖先非常重视。彭氏宗祠(图 4.2.14)是祭祀历代土司的地方,位于司城的中心,土司宫殿群的后面。1591 年,第 24 代土司彭元锦建造了这座祠堂,里面供奉历代土司的牌位。祠堂还收藏了历代土司制定的三纲五常法谱。祠堂的门口有一对石鼓,估计每个至少重 2.5 吨。民

图 4.2.14 彭氏宗祠

间有这样的传说：石鼓是土家族的古代英雄哈力噶巴从离此一百多里的五官坪，一只手提一个，提到司城来的。一条200多米长的官道，贯穿着祠堂大门和正街，4个平台和5段石阶梯，显出土司的威严气派。

在永顺的历代土司中，有一位抗击外国侵略者的英雄。1555年，明代官兵在东南沿海抗击倭寇，屡战不胜。年仅19岁的永顺土司彭翼南和附近的保靖土司等赶赴江浙。两次战斗就斩杀和俘获了入侵的倭寇2200余人，令敌人闻风丧胆，为扫除横行沿海地区的倭患、保卫祖国的统一和安定立下了显赫功勋。因此，彭翼南受到了朝廷嘉奖，被授予昭毅将军之衔，穿三品官员的服饰。彭氏墓地出土的《彭翼南墓志铭》(图4.2.15)详细地记载了这位土家族英雄的事迹。

经过了五代、宋、元、明、清等朝代的风雨洗礼之后，末代土司彭肇槐在1728年主动向清廷献土，结束了历时818年、世袭27代35位土司的统治。

图4.2.15　彭翼南墓志铭

一抔黄土掩风流——西夏博物馆

文明崛起

正当宋辽在我国东部地区对峙的时候,在中国的大西北悄然崛起了一支马背上的民族,他们建立了西夏王朝,并创造出了自己的文字和丰富灿烂的文化,这个民族就是党项族,而这些历史记忆被保留在了西夏博物馆和西夏王陵中。

1038年党项族的首领李元昊在今天的银川正式称帝建国,到1227年西夏被蒙古军所灭,一共存在了近190年。西夏前期与北宋、辽平分秋色,中后期与南宋、金鼎足而立,"三分天下居其一,雄踞西北两百年",其疆域"东尽黄河、西界玉门、

南接萧关、北控大漠",最鼎盛时面积达 83 万平方千米,包括今天宁夏、甘肃的大部分地区,内蒙古西南部、陕西北部、青海东部等。在西夏博物馆的疆域厅中,放置着一座疆域沙盘模型(图 4.2.16),长 10 米,宽 6 米,面积 60 平方米,再现了昔日西夏王朝的规模。

早在 1036 年西夏未建国时,李元昊就命令大臣野利仁荣以党项语为基础,仿借汉字的"六书"(即象形、指事、形声、会意、转注、假借)创制了复杂的西夏文字(图 4.2.17),党项民族由此跨入了先进民族的行列。

图 4.2.16　西夏疆域沙盘模型

图 4.2.17　西夏文字

出于西夏文、汉文两种文字并用的需要,西夏编纂了《文海》《音同》等多部辞书和韵书。西夏灭亡之后,西夏文字逐渐失传,成为无人知晓的死文字。直到19世纪初,当地重修护国寺感应塔碑时,西夏文字得以重见天日。此后,西夏文物、文献获得重大发现,西夏文字的研究进入了新的阶段。经这一个多世纪的探索,西夏文的造字规律和部分文字的读音已基本为研究者掌握。

在宋瓷的影响下,西夏的制瓷业也发展了起来,较大的窑址有宁夏灵武窑、贺兰山插旗口窑和甘肃武威地区的窑址。西夏的瓷器种类较多,有生活器皿、文房器具、娱乐用品、雕塑艺术品等。色彩以白釉、黑褐居多,剔刻花工艺已经达到很高的水平。

经瓶(图4.2.18)是西夏瓷器中的精品,多数为小口、束颈、丰肩,瓶身修长,瓶体开光剔刻花纹,十分精美。而西夏最具民族特

图 4.2.18 经瓶

色的瓷器当属扁壶（图4.2.19），它有双耳或四耳，可以穿绳携带，适合游牧民族使用。黑釉粗瓷为民间所用，而发现于西夏王陵的精美白釉瓷则是西夏自行烧制的皇家用瓷。

图 4.2.19　扁壶

昔日盛景

西夏王朝共传了12代皇帝，除了最后3位皇帝之外，都葬在了银川市西部30千米外的王陵中，可惜王陵遭到了毁灭性的破坏。然而，宏伟的规模、严谨的布局以及残留的陵丘，仍可显示出西夏王朝特有的时代气息和风貌。一座座黄色的陵台，高大得像一座座小山丘，在贺兰山下连绵展开，在阳光照映下，金光灿烂，十分壮观，"东方的金字塔"（图4.2.20）由此而得名。陵园的地面建筑由角楼、门阙、碑亭、外城、内城、献殿、塔状陵台等建筑单元组成，平面总体布局呈纵向长方形，按照中国传统的建筑布局以南北中线为轴。

离开西夏王陵不远，著名作家张贤亮借助这里的荒凉、古朴，创建了著名的镇北堡西部影视城（图4.2.21）。到目前为止，已有近百部影片相继在这里拍摄，从谢晋的《牧马人》到张艺谋的《红高粱》，从20世纪80年代的《东邪西毒》到被中国一代人奉为新经典的《大话西游》……"文化是一种生产力"，在这里，文化创造了财富，财富再反哺文化，并推动了文明的进步。

壮观的小金字塔！

图 4.2.20　西夏王陵

图 4.2.21　镇北堡西部影视城

博物馆里的中国

穿越时空

在远古时期,祭祀和战争是一个国家最重要的两件大事。现在的人们已经无法知道远古的人们是怎样祭祀祖先和神灵了,也许只能通过考古学家研究遗址现场挖掘出来的历史文物,做一番想象了。

今天,在三星堆博物馆青铜器馆的第三展厅中,复原了一座祭台(图4.3.1)。在现代科学技术的渲染下,古蜀国的祭祀

图4.3.1 第三展厅中的祭台(局部)

场景得以重现,高大的祭台、巍峨的神坛、拜祭的人群、天幕的火光,这一切,都是古人希望"天人合一"的表达方式,也就是人类渴望与自然和谐相处的精神追求,揭示了古蜀先民深刻的生命意识和博大的宇宙情怀。

在那个相信万物有灵的年代,人们渴求丰收,希望神灵能赐福攘灾,他们以巫师为中介,把祭品献给天地和诸祀,祈求神灵的保佑。

这座祭台是成都羊子山土台(图 4.3.2)的复原,祭台共有三级。在祭台的四周,分布着声势浩大的拜祭人群,这些人姿态各不相同,是根据三星堆古蜀遗址出土文物中的人物造型仿制而成的。由于他们的社会身份各异,所以他们在祭祀时,扮演的角色也是不同的。

祭台的正中,放置着第三展厅的中心展品——青铜神坛,

图 4.3.2　羊子山土台模型

这件神坛是根据原件(图 4.3.3)放大六倍的仿制品。整座神坛构思奇特、神秘诡异。神坛共分三层,第一层为圆座及两个怪兽(图 4.3.4),两个怪兽一正一反平行立在圆座上,象征着天地循环;第二层是圆座及四面而向、双手持杖的立人,四个立人腿部有目纹,衣裙上有旋涡纹,头冠上有太阳纹,四个人分别代表着东、南、西、北四个方向的巫师;

图 4.3.3　青铜神坛

第三层以山形座为底,再上面是方斗形的神殿,神殿顶部的四角饰有立鸟,方斗上额铸有人首鸟身像,神殿象征着天帝之所,而这人首鸟身像应该就是天帝了。

我是被放大了的神坛神兽!

图 4.3.4　神坛怪兽(仿制品)

借助声光技术,神坛的上方出现了天幕,祭台的周围燃起了火光,祭祀场面显得更加肃穆和让人敬畏(图4.3.5)。可以想见,3000多年前的人们在祭祀的时候该是何等的虔诚!

图 4.3.5　声光下的神坛

国宝档案

将军坟
年　　代:南北朝时期
发掘时间:清代同治年间
发掘地点:吉林省集安市

遗址揭秘:在集安市东北4千米的龙山脚下,有一座陵墓,颇似古埃及的金字塔(图4.4.1)。它呈方坛阶梯式,高约13米。

图 4.4.1 将军坟主坟

墓顶面积 270 平方米，墓底面积 997 平方米，全部用精琢的花岗岩砌成。它的附近还有一座陪葬坟（图 4.4.2）。这座陵墓有七层，第一层用四层石条铺砌，其中最大的一块石条长 5.7 米，宽 1.12 米，厚 1.1 米，重约 32 吨。其余六层，每层都是用三层石条砌成。这些巨大的石条，都是从 22 千米以外的采石场运来的。

那么，这些石条是怎么运来的呢？工匠们有很多种办法，一种是滚木法，在巨石下垫上圆木，利用圆木的滚动来运输。

图 4.4.2 将军坟陪葬坟

冬天，可以利用光滑的冰面来运输石条，大大节省了工匠们的体力。陵墓那么高，石条又是怎么垒上去的呢？原来工匠们每筑一层，都会先用黄土堆成斜坡，然后利用斜坡将石条从低的一层运到高的一层，最后再把堆土去除。

墓室不知什么时候被盗过，考古工作者发现它的时候，随葬的物品已经荡然无存，留下来的只是石条垒出的四壁和墓顶上一块巨大的光秃秃的石板。这座陵墓又名"将军坟"，从清末开始，当地老百姓就叫开了，一直流传至今。它的名字来源于一首刘金相的《登将军坟》："将军坟墓几千秋，坟外年年江水流。桂酒椒浆伤往事，荒烟蔓草赋闲游。三韩霸业今何在，百济名邦早已休。独有英雄埋骨处，峨峨高峙龙山头。"

那么这座陵墓的主人到底是谁呢？他就是高句丽王朝的第 20 代君王——长寿王（413 年至 491 年在位）。正是在他的领导下，高句丽进入了全盛时期。

金杖
年　　代：商周时期
发掘时间：1986年7月至9月
发掘地点：三星堆遗址1号祭祀坑

身世揭秘： 这件器物名叫金杖（图4.4.3），全长1.42米，直径2.3厘米，净重约500克。出土时，木杖已炭化，仅存金皮，金皮内还残留有炭化的木渣。

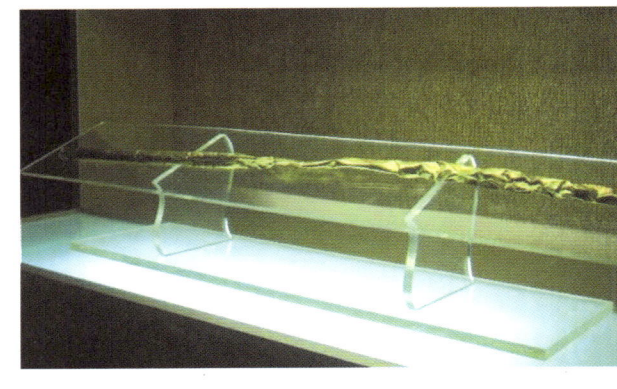

图4.4.3　金杖

在金杖的一端，有长约46厘米的一段图案，共分三组：靠近端头的一组，合拢看，是两个前后对称、头戴五齿巫冠、耳饰三角形耳坠的人头像，笑容可掬。另外两组图案相同，是两背相对的鸟与鱼，在鸟的颈部和鱼的头部叠压着一支箭状物（图4.4.4）。

鸟和鱼有什么象征意义呢？一种说法是，它们可能代表两个部族，因为远古时期的人类认为他们是某种动物或某种自然物的后代，所以他们把动物的形象作为图案，当作自己部族

图 4.4.4　金杖上的图案

的标志。分别以鱼和鸟作为标志的两个部族，联合在一起便形成了一个名叫"鱼凫"的王朝。鱼和鸟的图案组合在一起，也就成了王朝的标志，类似于现在的国徽。

鱼可以在水中自由游戏，飞鸟可以搏击长空，把鱼鸟组合的图案刻画在金杖上，金杖也就成了统治者能够上天入地的法器。于是，另一种说法也出现了：金杖是"王者之器"，集王权和神权于一体，鱼凫王朝是一个政教合一的国家。

考古学家不止一次在古希腊、古埃及和古巴比伦王国的高等级墓葬中发掘过杖形物，并由此判断把杖作为最高权力的象征，是许多文明古国普遍的做法。

铜太阳形器
年　　代：商周时期
发掘时间：1986年7月至9月
发掘地点：三星堆遗址2号祭祀坑

身世揭秘：这种像车轮一样的青铜器，名叫铜太阳形器，距今已有3000多年的历史了。考古工作者在三星堆2号祭祀坑，一共发掘了6件。展现在我们面前的这件直径约为85厘米（图4.4.5）。

铜太阳形器恐怕算得上是三星堆遗址中发掘的最具神秘感的器物了，那么它究竟是干什么用的呢？有人认为它是表现太阳崇拜观念的一种装饰器物。也有人提出了相反的说法：三星堆文化兴盛的时期，是地球气候的转变阶段，要么干旱无雨，要么洪水成灾，所以铜太阳形

图4.4.5　铜太阳形器

器并不代表对太阳的崇拜,而应该是恐惧和仇恨。还有的人认为它是一种天文测量仪,因为这件器物呈放射状的五道芒通过几何运算,恰巧与某些节气的正午太阳高度角吻合。而有的人则认为它就是一种讲究简洁对称的盾牌饰物。

铜太阳形器到底是干什么用的,目前还是一个谜。倒是当地的老百姓别出心裁,开辟出了太阳形器状的油菜花地(图4.4.6),引得游客纷纷前往观赏。

图 4.4.6 太阳形器状的油菜花地

老司城宫殿遗址
年　　代：明代
发掘时间：2010年至2011年
发掘地点：老司城遗址

遗址揭秘：老司城宫殿遗址位于老司城遗址的北部，依山而建，形状略呈椭圆形，东北高、西南低，周长436米，总面积为14000平方米。宫殿遗址共有四个门，其中大西门为正门。宫殿城墙厚1米左右，多以石块、大卵石垒砌，用石灰、桐油胶结。西北部城区保持得比较完整，最高处高达6米（图4.4.7）。大西门的门道有路面，有台阶，路面由卵石砌成，台阶由红石条砌成，自下而上曲折相连。

图4.4.7　宫殿城墙遗址

千年前的土家族人留下了他们生活的印迹。

宫殿区出土了砖、瓦当等建筑材料,还出土了大量的青花瓷片。除少量官窑产品之外,大多数是明代景德镇民窑的产品。官窑产品的题款中,有大量关于永顺土司的内容,如"永顺司制"等,说明这些瓷器是专门为土司制作的。

宫殿区还有完备的排水设施和取暖设施。主要的排水设施有两条,这两条排水沟并没有铺设管道,而是利用地势高低,顺着卵石把水排出宫外(图4.4.8)。而取暖设施则在一处建筑遗迹的西侧,由火塘、火道和火铺面三部分组成,四壁和底部用砖砌成之后被密封起来。火塘有两个,一方一圆,方的是烧柴火的地方,圆的用来存放火种,里面堆积了大量的炭末。我们可以想象,千年前的一个大雪纷飞的夜晚,土司和他的家人围坐在火塘边,正在饮酒作乐,青花瓷器中盛放着美酒美食,日子过得多么惬意呀!

图 4.4.8　宫殿区排水系统

西夏泰陵

年　　代：11 世纪中叶

发掘时间：20 世纪 70 年代

发掘地点：西夏王陵遗址

遗址揭秘：西夏泰陵（3 号王陵）坐落在西夏陵区的中心，位置显赫，是西夏开国皇帝李元昊的陵墓，占地 15.8 万平方米，是西夏帝王陵墓中规模最大、保存最完整、气势最宏伟的一座（图 4.4.9）。

图 4.4.9　西夏泰陵

整个陵园坐北朝南，呈现出中轴线左右对称的格局。陵园中，最为独特的地方就是东西对称的碑亭了，它们的间距是80米。在唐宋皇帝的陵园中，可从来没有发现过碑亭。而西夏陵的碑亭位于阙台之后，月城的前面，除了规模宏大和地位突出之外，碑亭最重要的作用就是增加了陵园前半部分的气势，使陵园的布局显得更加对称。而且，这样做也加强了碑亭为帝王歌功颂德的重要作用，突出了它在陵园中的地位。

原来，碑亭就是西夏人为祖先树碑立传，记载生平事迹，为其歌功颂德的地方。遗憾的是，除了3座石人像之外，碑亭内的碑刻几乎都被砸得粉碎而无法辨认，只留下了360块残碑（图 4.4.10）。依稀可以看到的是，碑铭是用大小两种字体的

图 4.4.10　西夏王陵残碑（仿制品）

西夏文镌刻的,它们是集书法、雕刻于一身的精美艺术品。透过碑亭,我们可以想见,开国皇帝李元昊是怎样用他的文韬武略打败宋军,开创了西夏百年基业的。李元昊在意气风发的时候,可能不知道他所开创的王朝也逃不过从兴盛到灭亡的规律,更不知道他的陵寝在百年后会被蒙古铁骑践踏。

迦陵频伽
年　　代:11世纪中叶
发掘地点:西夏王陵泰陵

遗址揭秘:这件由红陶制成的建筑构件,名叫迦陵频伽(图4.4.11—图4.4.12)。它高39厘米,宽32厘米。基座长15厘米,宽14厘米。人首鸟身,头戴五角形的花冠,肩膀前面垂着一种名叫宝缯的装饰。它的脸是长方形的,细长的眼睛,双耳下垂,脖子上戴着一只花项圈,

图 4.4.11　迦陵频伽(正面)

双手合十放在胸前。它展开双翅,身后是高翘的长尾,双腿和爪子跪坐在长方形的基座上。

迦陵频伽是梵语"妙音鸟"的音译,是佛教中所讲的西方极乐世界里特有的一种神鸟。佛经记载,这种鸟出自喜马拉雅雪山,身披七色彩羽,在壳中就能啼鸣,声音美妙动听、婉转如歌,胜于常鸟。它的歌声能穿越三界,感动万物。

在西夏王陵所发现的迦陵频伽,是以建筑构件的形式存在的,

> 每一面都很美!

图 4.4.12　迦陵频伽(侧面)

出土数量很多,可以称得上是我国考古史上的一次重大发现。

在此之前,迦陵频伽主要在佛教壁画和雕塑中出现过,如莫高窟的唐代和宋代壁画中都有此类图像。虽然河南省巩义市的北宋皇陵中发掘过泥塑的迦陵频伽,但是也只有头部残存。直到西夏王陵被挖掘之前,一直没有实物流传。

159

迦陵频伽的出现，为研究宁夏地区的佛教史提供了有力的实物佐证，也让我们对这个消逝的文明产生了无尽的遐想。

博物馆参观礼仪小贴士

同学们，你们好，我是博乐乐，别看年纪和你们差不多，我可是个资深的博物馆爱好者。博物馆真是个神奇的地方，里面的藏品历经千百年时光流转，用斑驳的印记讲述过去的故事，多么不可思议！我想带领你们走进每一家博物馆，去发现藏品中承载的珍贵记忆。

走进博物馆时，随身所带的不仅仅要有发现奇妙的双眼、感受魅力的内心，更要有一份对历史、文化、艺术以及对他人的尊重，而这份尊重的体现便是遵守博物馆参观的礼仪。

1. 进入博物馆的展厅前，请先仔细阅读参观的规则、标志和提醒，看看博物馆告诉我们要注意什么。

2. 看到了心仪的藏品，难免会想要用手中的相机记录下来，但是要注意将相机的闪光灯调整到关闭状态，因为闪光灯会给这些珍贵且脆弱的文物带来一定的损害。

3. 遇到没有玻璃罩子的文物，不要伸手去摸，与文物之间保持一定的距离，反而为我们从另外的角度去欣赏文物打开一扇窗。

4.在展厅里请不要喝水或吃零食，这样能体现我们对文物的尊重。

5.参观博物馆要遵守秩序，说话应轻声细语，不可以追跑嬉闹。对秩序的遵守不仅是为了保证我们自己参观的效果，更是对他人的尊重。

6.就算是为了仔细看清藏品，也不要趴在展柜上，把脏兮兮的小手印留在展柜玻璃上。

7.博物馆中热情的讲解员是陪伴我们参观的好朋友，在讲解员讲解的时候不要用你的问题打断他。若真有疑问，可以在整个导览结束后，单独去请教讲解员，相信这时得到的答案会更细致、更准确。

8.如果是跟随团队参观，个子小的同学站在前排，个子高的同学站在后排，这样参观的效果会更好。当某一位同学在回答老师或者讲解员提问时，其他同学要做到认真倾听。

记住了这些，让我们一起开始博物馆奇妙之旅吧！

博乐乐带你游博物馆

我博乐乐来啦!上次带领大家游览了几个很有特色的博物馆,相信大家已经领略到了博物馆的神奇!这次,我继续带大家寻访历史上的辉煌遗迹,它们有的是人类文明的起源,有的曾是一国的繁华都城,也有的埋藏着皇家珍宝。让我们在奇妙的博物馆之旅中,探寻遗址中的精彩世界吧!

周口店遗址博物馆

地址:北京市房山区周口店龙骨山脚下(河滩街1号)

开馆时间:旺季(5月1日—10月31日)8:30—16:30

淡季(11月1日—4月30日)9:00—16:00

门票:全价票30元,半价票15元

电话及网址:010-53230037 010-69301090

http://www.zkd.cn

美好的周末又来啦,我在北京房山区的一家快餐店里吃完了早餐,现在准备带着我的几个好朋友去参观周口店遗址博物馆,此行的目的就是去了解远古人类是怎样生活的。

小提示:周口店遗址博物馆是一座自然科学类古人类遗址博物馆,始建于1953年,建筑面积1000平方米。这座博物馆系统地向观众展示了大约70万年至23万年前的北京人、20万年至10万年前的早期智人以及1.8万年前的山顶洞人的生活环境和生活状况。

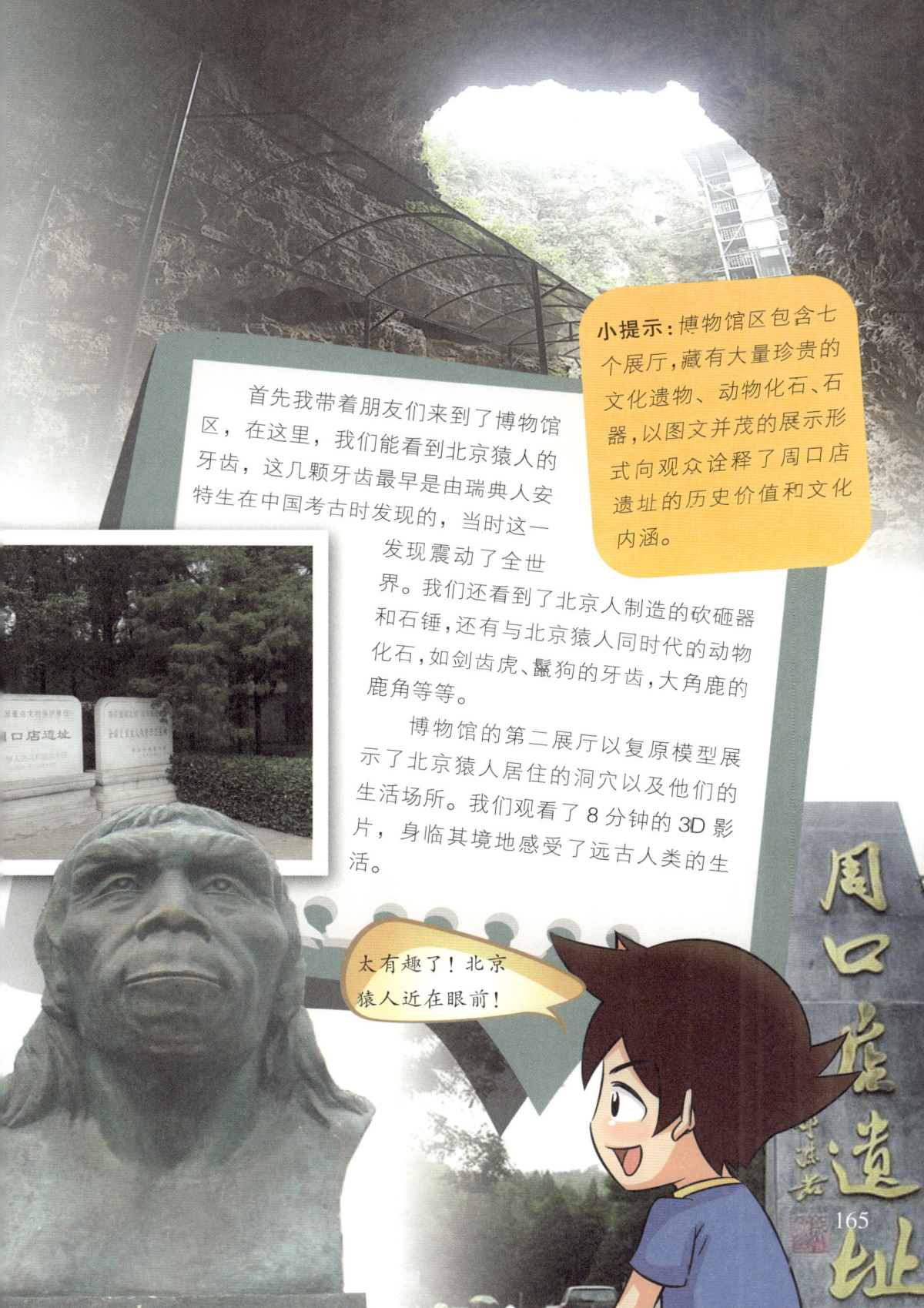

首先我带着朋友们来到了博物馆区，在这里，我们能看到北京猿人的牙齿，这几颗牙齿最早是由瑞典人安特生在中国考古时发现的，当时这一发现震动了全世界。我们还看到了北京人制造的砍砸器和石锤，还有与北京猿人同时代的动物化石，如剑齿虎、鬣狗的牙齿，大角鹿的鹿角等等。

博物馆的第二展厅以复原模型展示了北京猿人居住的洞穴以及他们的生活场所。我们观看了8分钟的3D影片，身临其境地感受了远古人类的生活。

小提示：博物馆区包含七个展厅，藏有大量珍贵的文化遗物、动物化石、石器，以图文并茂的展示形式向观众诠释了周口店遗址的历史价值和文化内涵。

太有趣了！北京猿人近在眼前！

博物馆区只是周口店遗址博物馆的一部分,我们还要重点参观北京猿人栖息的猿人洞、新洞人居住的新洞以及山顶洞人生活过的山顶洞。通过这三处洞穴,我们了解到了北京地区的远古人类是怎样进化和发展的。

小提示: 博物馆区设有3D放映厅,专门为游客放映有关周口店远古人类的科教片。淡季每天播放2场,旺季每天播放4场,每场时间8分钟,限45人。淡季播放的时间是9:30和14:00;旺季播放的时间是9:30、10:30、14:00和15:00。

小提示：周口店遗址从1927年开始挖掘，到目前已经发现遗迹27处，现在向公众开放8处，编号为：1、2、3、4、12、13、15和26，它们分别是远古人类生活、堆放动物骨头和燃烧植物的地方。

到了下午，几乎每个有意思的地方我们都去过了。我和朋友们满载着收获的喜悦，离开了周口店遗址博物馆。通过一天对周口店遗址博物馆的游览，我们看到了代表人类发展三个阶段的人类化石及其居住地，真是满足！

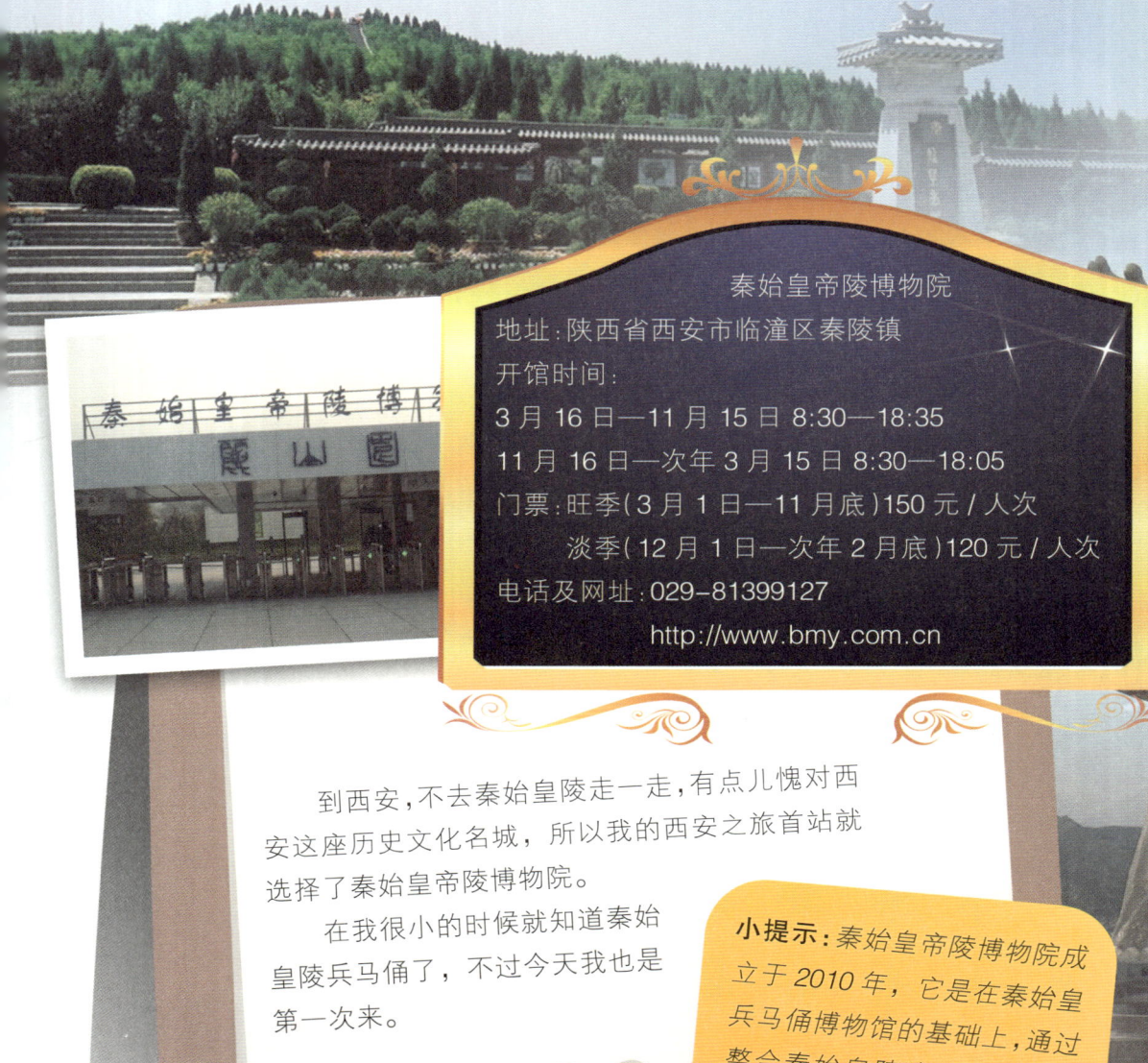

秦始皇帝陵博物院

地址：陕西省西安市临潼区秦陵镇

开馆时间：
3月16日—11月15日 8:30—18:35
11月16日—次年3月15日 8:30—18:05

门票：旺季（3月1日—11月底）150元/人次
　　　淡季（12月1日—次年2月底）120元/人次

电话及网址：029-81399127
http://www.bmy.com.cn

到西安，不去秦始皇陵走一走，有点儿愧对西安这座历史文化名城，所以我的西安之旅首站就选择了秦始皇帝陵博物院。

在我很小的时候就知道秦始皇陵兵马俑了，不过今天我也是第一次来。

小提示：秦始皇帝陵博物院成立于2010年，它是在秦始皇兵马俑博物馆的基础上，通过整合秦始皇陵遗址公园形成的一座大型遗址博物院。游客可以在西安火车站东广场，乘坐游5专线（306路）、915路、914路到达博物院。

在三个兵马俑坑中，我见到了几千件兵马俑，它们个个身材高大，形态各异，表情逼真。真人大小的车兵、骑兵和步兵俑，排列整齐的马阵和车阵，还有运筹帷幄的将军俑，这阵势让我立刻联想到了2000多年前秦始皇横扫六国、所向披靡的壮观场面。

秦始皇陵的周围，分布着大大小小的陪葬坑。在这些陪葬坑中，我不仅看到了千姿百态的百戏俑和文吏俑，还看到了一辆装饰有华盖的铜车马，以及各种飞禽造型的青铜器。

小提示：在占地面积近2万平方米的三个俑坑中，有陶俑和陶马近8000件。陶俑的形象各不相同，神态生动，是中国古代雕塑艺术史上的一颗明珠，被誉为"世界第八大奇迹"和"20世纪考古史上的伟大发现之一"。

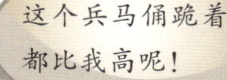

这个兵马俑跪着都比我高呢！

小提示：截至目前，秦始皇陵周围已经有184座陪葬坑被探明，部分已经得到挖掘。根据出土的器物来判断，它们是秦国各级政府机构、御花园和娱乐场所在地下世界的体现。博物院在其中两个陪葬坑上分别建成了百戏俑和文吏俑博物馆。

高大的封土下面，就是埋藏秦始皇的地宫了，周围还有依稀可见的残垣断壁。千百年来，秦陵地宫流传着许多神奇的传说。

《三辅故事》记载，楚霸王项羽入关，曾以30万人盗掘秦陵。在挖掘过程中，突然一只金雁从墓中飞出，这只神奇的飞雁一直朝南飞去。

斗转星移,到了三国时期,有人送只金雁给一位名叫张善的官吏,他立即从金雁上的文字判断此物出自秦始皇陵……这类神奇的传说更是给秦始皇陵蒙上了一层神秘的色彩。

限于各种条件,地宫还没有被打开。所以,我们只能根据史书中的记载,对地宫做一番想象了。

大明宫国家遗址公园

大明宫国家遗址公园
地址：陕西省西安市新城区自强东路585号
开馆时间：周一至周日 9:30—18:00
门票：60元
电话及网址：029-88998080
http://www.dmgpark.com

大明宫国家遗址公园是我国投入巨资建造的一座遗址公园，无论景色，还是文化价值，都值得好好游览一番。我早就想去看一看啦，所以趁着这次西安之行，一定要来这里看看！

小提示：大明宫遗址是我国重点文物保护单位。2007年，国家通过了建造大明宫国家遗址公园的方案并付诸实施，2012年正式向游客开放，占地面积3.2平方千米。为了方便游客游览大明宫，西安市公交部门开辟了多条通往大明宫国家遗址公园的公交线路，地铁2号线也可以到达。

　　我跟着同行的游客一起,从正门——丹凤门进入公园。一路上,我们看到了复原之后的宫墙、残破的宫门遗址,听导游阿姨告诉我们,唐长安城是世界上第一个人口超过百万的大都市,也是绵延万里的丝绸之路的起点和当时的国际性大都市。通过大明宫的微缩景观,我们仿佛回到了繁盛的大唐帝国。

　　在公园御道广场的西侧,有一座考古探索中心,这里是专门供游人互动体验的场馆。我们拿起了工具,制作陶器和拓片,还拼起了以宫廷宴饮为题材的拼图游戏。在此过程中,我们得知麟德殿在大明宫太液池西的一座高地上,是皇帝宴饮群臣的地方,也是大明宫内一组最伟大的建筑。

小提示:8千米长的宫墙、宫门和中轴线构成了大明宫的遗址格局,含元殿、紫宸殿、含耀门,都是古代东方地标性的建筑。遗址格局、建筑遗址,以及微缩复原景观,共同见证了当年大明宫的繁华。

小提示：考古探索中心是一个集观赏性、趣味性、科普性于一体的综合性考古体验展馆，由室内展厅、户外活动区和综合服务区组成。通过各种考古发掘中的典型物品，如镜子、货币、古代服饰等，游客可以了解历史的演变过程。通过游戏体验活动，游客可以增强对中华历史、考古知识和文明演进的认识。

从考古探索中心出来之后，我们还去了南宫墙根下的中国书法艺术博物馆，看到了唐太宗的书法作品《温泉铭》，唐玄宗李隆基的隶书，颜真卿、柳公权的楷书，武则天的升仙太子碑，"草圣"张旭、怀素的草书，一幅幅书法精品，让喜爱书法的我目不暇接，流连忘返。

一口气看了这么多大家的书法作品，真的好过瘾！

等我们从大明宫出来的时候，夜幕已经降临。这时，公园开启了夜间景观系统——月光大明宫，把公园照耀得格外璀璨夺目。在大明宫里游玩了一整天，我意犹未尽，但天色已晚，只得依依不舍地与它告别，希望以后我能有机会再来。

小提示： 中国书法艺术博物馆成立于1989年12月，是中国第一座书法艺术专题博物馆，原址在西安城墙南门城楼，后迁至含光门。2010年6月，再次迁移至大明宫南宫墙西南角，是大明宫遗址公园的一个重要景点。博物馆共收藏各国书法文物和名家书法作品2000多件，是传承和保护人类非物质文化遗产——中国书法和篆刻的重要阵地。

大唐西市博物馆

地址:陕西省西安市劳动南路118号

开馆时间:

冬季(11月1日到次年3月31日)9:00—17:00

夏季(4月1日到10月31日)9:00—17:30

门票:单票60元,套票120元

电话及网址:029-84351808

http://www.dtxsmuseum.com

唐代的长安城是古代丝绸之路的中心,想要领略大唐商业的繁华盛景,大唐西市博物馆是一个很好的去处。我们一行人游完大明宫国家遗址公园之后,第二天又来到了大唐西市博物馆。

小提示: 大唐西市博物馆是我国首座由民间资本经营的遗址类博物馆,也是唯一一座反映盛唐商业文化、丝路文化和西市历史文化的主题博物馆。它分为展览区和遗址保护区,2010年4月7日正式向公众开放。

176

大唐西市博物馆

这是一座非常现代化的博物馆，一楼是遗址展览区，我透过玻璃看到了"十字街"遗址、石板桥、房子的基址、水沟，以及车子碾压路面留下的痕迹。据导游阿姨介绍，西市每天车水马龙，商旅行人络绎不绝，交通流量是很大的，汉代的班固形容汉长安城市场的热闹情景是"人不得顾，车不得旋"。唐代的西市比汉代市场繁华多了，拥挤程度也可想而知，所以我们看到石板桥的石板之间都有铁卡固定，非常结实。

小提示：一楼的遗址展览区为遗址保护区，共有2500平方米。博物馆按照"原地保护、原样保存、原物展示"的方针，完整地再现了2006年大唐西市遗址的考古发掘成果，从而把历史文化瑰宝原生态地展现在了世人面前。

二楼的展柜里，摆满了各种精美神秘的青铜器，绚丽多彩的陶瓷器，千姿百态的陶俑，璀璨夺目的金银器，精美绝伦的丝绸，巧夺天工的玉器，还有大量的货币、墓志和建筑构件。

小提示：二楼是以《丝路起点 盛世商魂》为主题的文物展览区，文物和图片相结合，展示了历史上西市的概貌、交易品类、商业文化和繁华盛景。大唐西市博物馆馆藏文物两万余件，以西市遗址出土文物和博物馆创办人二十年来的精藏文物为主，时代上起商周，下迄明清，跨越三千余载。

面对一件件精美的文物，免不了幻想自己穿越到了"大唐盛世"！

最让我们震撼的,当属三楼的"百工体验区"。十家店铺涵盖十种行业,包括茶艺坊、乐器铺、工艺坊、陶器坊、画坊、卜肆、珠宝店等。店家用展演和销售相结合的方式,再现了当年大唐西市的繁荣景象。伴着荼的香气、悠扬的曲声,我们仿佛又一次回到了大唐王朝。

离开博物馆之前,我在一楼的西南角买了一本名叫《西市宝典》的书,书中详细介绍了大唐西市的概貌,以及发生在大唐西市里的故事。我打算回去之后,对这座繁华的集市再深入地了解一下。

西夏王陵

地址：银川市西夏区贺兰山东麓
开馆时间：周一至周日 8:00—17:00
门票：博物馆门票 10 元，王陵门票 60 元
电话及网址：0951-2228884
http://www.nxxwl.com

小提示：西夏王陵又称西夏帝陵，全国重点文物保护单位和国家重点风景名胜区，2011 年"西夏陵国家考古遗址公园"的建设规划获得国家文物局批准。目前有西夏博物馆、艺术馆、西夏碑林和三号陵园四个景点向公众开放。

前不久，我看到了一部老电视剧的资料，剧名叫《贺兰雪》，知道了中国西北地区曾经存在过一个名叫西夏的国家。我忽然产生了去西夏王陵探秘的想法，去看一看西夏王朝的历史足迹。打点完行装，我踏上了西行的列车。

小提示：西夏博物馆是目前我国第一座以西夏陵园为背景，比较全面系统反映西夏历史的专题博物馆，1998年9月23日正式落成开馆，展馆分为上、下两层。各类展厅9间，基本陈列由西夏历史、西夏王陵和西夏学术研究成果三部分组成。

在西夏博物馆大厅里，我兴致勃勃地观赏了石雕人像碑座、西夏疆域沙盘模型、西夏人制作的瓷器。通过铁剑、箭头、铠甲片，我联想到了宋夏两国军队征战时的激烈场面；从《炽盛光佛图》上，我看到了西夏人膜拜佛祖时的虔诚。

在艺术馆里，真人一般大小的雕塑、活灵活现的艺术场景，又把我拉回到了西夏人开疆拓土、创造文字和建立国家的历史情景中，辉煌一时的西夏文明不停在我的脑海中闪现。

小提示：艺术馆的全称是西夏文化艺术博物馆，以西夏史实为依据，通过18组艺术场景和160尊人物塑像，生动、形象地再现了西夏人的开国史。

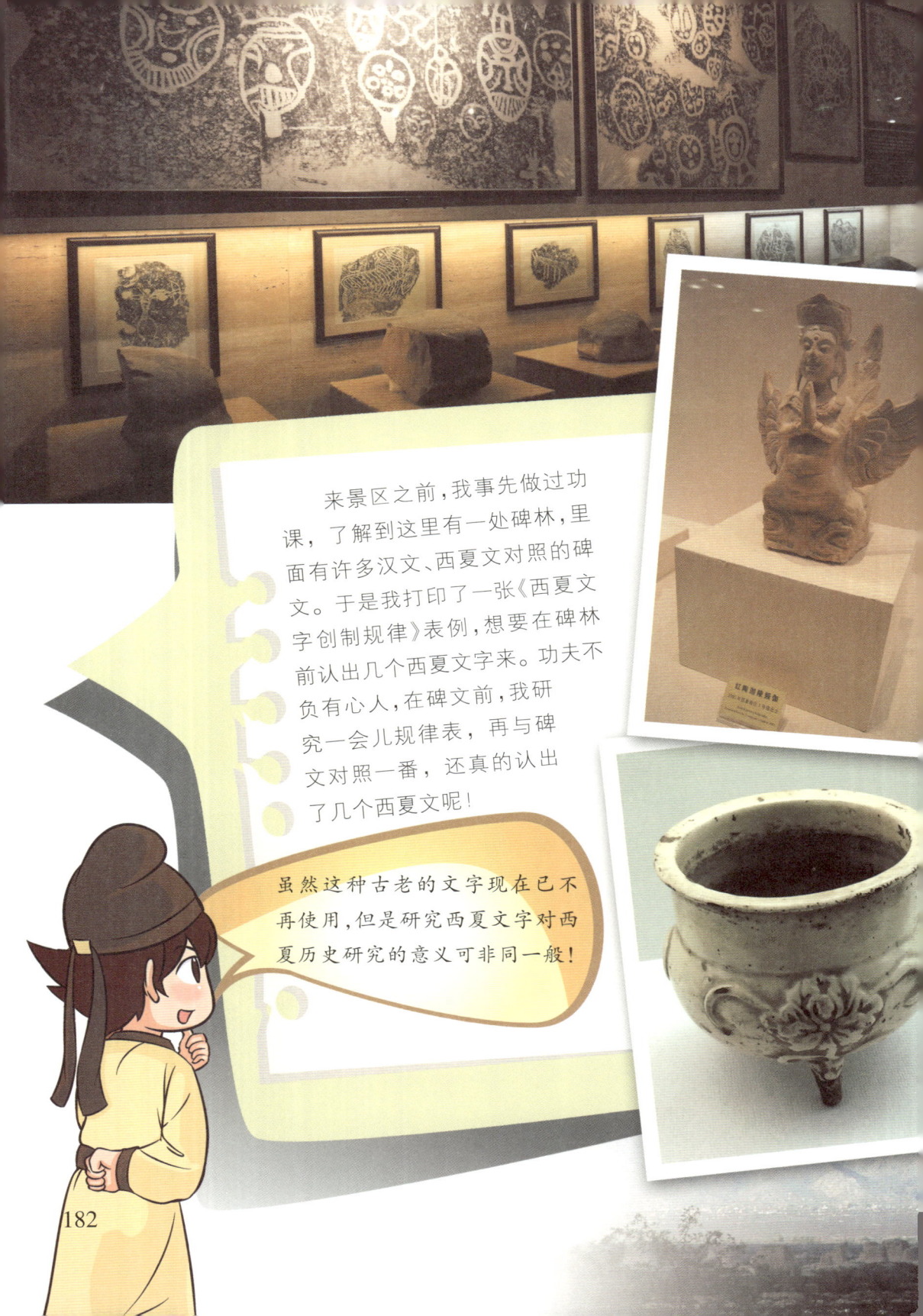

来景区之前，我事先做过功课，了解到这里有一处碑林，里面有许多汉文、西夏文对照的碑文。于是我打印了一张《西夏文字创制规律》表例，想要在碑林前认出几个西夏文字来。功夫不负有心人，在碑文前，我研究一会儿规律表，再与碑文对照一番，还真的认出了几个西夏文呢！

虽然这种古老的文字现在已不再使用，但是研究西夏文字对西夏历史研究的意义可非同一般！

小提示：集碑刻、书法艺术和西夏文字为一体的西夏碑林，汇集了西夏王陵出土的残碑以及仿制的西夏文碑刻。此外，明清和现代文人墨客咏颂西夏历史的诗赋，也被工匠们用汉文和西夏文镌刻在了这里的碑石上。

  游览西夏王陵，宛如进入一座"迷宫"，西夏在我国历史上曾经创造过辉煌的业绩和灿烂的文化，西夏文化是中华民族文化园地中的一簇奇葩，西夏文字则是这簇奇葩中最为闪亮夺目的明珠，然而这些如今已不复存在，只留下断壁残垣带给人无尽的遐想。

编后记

难忘的旅程

《四海遗珍的中国梦》《阅读最美的建筑》……一本本图文并茂的"博物馆里的中国"付梓，心里有喜悦、激动，更有诸多的期待和祝福，希望每个读到这套书的读者，都能和我们一样，发现博物馆的美好，爱上这个珍藏着人类文明记忆的地方。回首从确立选题到图书出版的一千个日日夜夜，有许许多多的记忆片段闪现在脑海。

2012年，编辑有幸结识了中央民族大学博物馆学、人类学教授潘守永先生，进而走近了"四月公益"——一个由众多年轻人参与组织的博物馆志愿者协会，认识了连续11年为孩子做义务讲解的"朋朋哥哥"……在一次次交谈中，我们被潘教授以及他的专家团队、被孩子们口中的朋朋哥哥和他的"草根团队"对博物馆的热爱所感动，对当下博物馆减免门票、开始走进大众生活展开讨论，从而萌生了编写和出版一套专门给青少年读者阅读的博物馆类图书的想法，告诉他们博物馆里有知识，有文化，有过去、现在和未来，博物馆里有一个丰富绚烂、多姿多彩的中国。

中国已经有了超过4000家各类博物馆和数以亿计的藏品，如何从浩如烟海的藏品中选择出最具历史文化价值的藏品，同时用既能体现藏品背后的文化底蕴、科学知识，又能为孩子所喜欢的形式展现出来？如何保证图书的前沿性、专业性、权威性、传承性和趣味性？由此，编辑踏上了一段虽辛苦却乐在其中的旅程。

● 博物馆之旅有他们同行,我们走得更坚实。

我们实地走访、电话拜访了全国 80 多家重点博物馆,面见约谈了 30 位以上博物馆专业的专家、学者和博物馆爱好者,并召开 10 次以上大中小型讨论会,确立了由 2 位主编、8 位编委、20 位作者组成的创作团队。其中有省级重点博物馆相关部门负责人,有博物馆学教授,有博物馆相关研究领域专家,还有中国国家博物馆、首都博物馆、中华世纪坛世界艺术馆义务讲解员等,他们的背后还有多位大学教授、专家学者,以及中国科学院院士的学术支持。

● 旅途中,时常会有惊喜闪现。

走访博物馆时,年轻却无比敬业、专门给孩子进行讲解的讲解员给每一块矿石找到"萌点",将高深的知识转化为生动的语言,这位可爱的讲解员哥哥,最后被我们吸收进了创作团队;召开编委会时,主编为了启发作者的思路,讲述无数藏品背后的小故事:马王堆出土的帛书是由博物馆的老师傅经过 3 个月的悉心修复才得以呈现它的本来面目,而三星堆的权杖更是经过了长达半年的处理才重现原貌……

● 敬业的编辑团队,让博物馆之旅充满了创意。

开始创作,旅行进入了最精彩的阶段。编辑翻阅了很多博物馆方面的图书,观看和历史、文化有关的电视纪录片,与作者反复沟通,希望在藏品的海洋中选取最具代表性的珍宝,为读者呈现出精华中的精华;审读样稿的过程中反复斟酌,找到最适合孩子的表述方式,并对书中的几千张精美图片、几百幅卡通插图,一一写出文字建议。细心的读者可以发现,这部丛书每一页的版式设计、文字、照片、插图都经过精心设计和巧妙构思。我们力求让文字和插图"活起来",让藏品如一个个精灵般站在读者面前,把自己的故事讲给读者听。

● "创新"是这段旅程中的关键词,它几乎无处不在。

这套书摒弃了以馆划分的传统,以更为灵活、富有趣味性的"主题"分册;介绍藏品时,完全以故事的形式进行呈现,彰显了中国五千年文明的奕奕神采;为全面展示中华悠久文明,我们将流落海外且数量巨大的中国文物收入一册;此外,每册图书后均加入了"博物馆参观礼仪小贴士""博乐乐带你游博物馆"等互动环节,让孩子们读过此书,在真正走进博物馆时,随身所带的不仅仅是一双发现的眼睛,更怀有一颗对历史、文化、艺术的尊重之心。

这一次"博物馆里的中国"之旅,我们遇见了600余件藏品,分布于国内外近150家博物馆。这些藏品或在中国历史上具有震代的作用,或在海内外具有极高的知名度,或能体现中华民族传统文化精髓,或能展示中国从古到今的科技成就……由于图书篇幅所限,我们对博物馆内的藏品必须有所取舍,无法面面俱到,但窥一斑而知全豹,中国古往今来的发展历程,丰富灿烂的文化传承,在这套书里还是得到了非常真切的展现。那些更多的图书之外的藏品和故事,等待着读者们亲自走进博物馆去发现!

"博物馆里的中国"跨越历史,把流金岁月里经时间长河洗礼而愈加熠熠生辉、异彩纷呈的文化呈现在读者面前。如果亲爱的读者在放下本书后,能够真切地感受到中华文化的博大与美好,萌生去探寻博物馆里的中国的好奇之心,从而走进博物馆、爱上博物馆,便是本丛书编写队伍所有参与者最大的快乐。

编者
2015 年 8 月